Capítulo 1

Introdução ao Flutter

O mundo do desenvolvimento de aplicativos móveis é vasto e em constante evolução. Com o crescimento exponencial do uso de smartphones, a demanda por aplicativos que funcionem perfeitamente tanto em dispositivos Android quanto em iOS nunca foi tão alta. É aqui que o Flutter, o framework criado pelo Google, se destaca. Este capítulo servirá como uma introdução ao Flutter, explorando suas origens, benefícios e por que ele é uma escolha excelente para desenvolvedores que desejam criar aplicativos de alta qualidade, com menos esforço e maior eficiência.

O Que é Flutter?

Flutter é um framework de código aberto que permite criar aplicativos nativos para Android e iOS a partir de uma única base de código. Isso significa que, ao invés de desenvolver dois aplicativos separados para cada plataforma, você pode criar um único código que funcione em ambas. Flutter usa a linguagem de programação Dart, também desenvolvida pelo Google, para construir aplicativos visualmente atraentes e com desempenho de alta qualidade.

Origem do Flutter

Lançado pela primeira vez em 2017, Flutter foi criado para resolver alguns dos desafios mais comuns enfrentados pelos desenvolvedores móveis. Antes de seu lançamento, a criação de aplicativos para várias plataformas exigia mais tempo, mais recursos e, frequentemente, compromissos em termos de desempenho ou aparência. Com o Flutter, o Google buscou unificar o processo de desenvolvimento, fornecendo uma ferramenta que não apenas facilita a criação de aplicativos para diferentes plataformas, mas também mantém a qualidade e o desempenho de aplicativos nativos.

Por Que Escolher Flutter?

Existem várias razões pelas quais o Flutter se tornou uma escolha popular entre desenvolvedores de todo o mundo:

- Desenvolvimento Rápido: Com o recurso de "Hot Reload", você pode ver as mudanças no seu código quase instantaneamente, sem perder o estado do aplicativo. Isso acelera drasticamente o processo de desenvolvimento e depuração.

- Design Consistente: Flutter vem com uma ampla gama de widgets pré-construídos que seguem as diretrizes de design do Material Design (para Android) e Cupertino (para iOS). Isso significa que você pode criar interfaces de usuário que se adaptam perfeitamente a ambas as plataformas sem precisar de muito trabalho extra.

- Alto Desempenho: Como Flutter compila diretamente para código nativo (ARM), os aplicativos construídos com ele têm desempenho quase igual ao de aplicativos nativos, garantindo uma experiência fluida para os usuários.

- Comunidade e Suporte: Sendo uma ferramenta mantida pelo Google, Flutter tem uma comunidade vibrante e um vasto conjunto de recursos e pacotes disponíveis. Isso facilita encontrar soluções para problemas comuns, bem como integrar funcionalidades complexas em seu aplicativo.

Flutter x Outros Frameworks

Quando comparamos o Flutter com outros frameworks de desenvolvimento multiplataforma, como React Native ou Xamarin, algumas vantagens se destacam. Embora cada framework tenha suas próprias características, Flutter se diferencia por oferecer uma experiência mais unificada e controlada. Por exemplo, enquanto React Native depende de "bridges" para se comunicar com componentes nativos, Flutter usa seus próprios widgets, o que resulta em maior consistência e menos problemas de compatibilidade.

Exemplos de Aplicativos Feitos com Flutter

Diversas empresas já adotaram o Flutter para construir seus aplicativos móveis, incluindo algumas das maiores marcas do mundo. Por exemplo:

- Google Ads: O aplicativo de gerenciamento de campanhas do Google foi criado com Flutter, demonstrando sua capacidade de lidar com aplicações complexas e com grande volume de dados.

- Reflectly: Este popular aplicativo de diário e mindfulness utiliza Flutter para proporcionar uma experiência de usuário visualmente agradável e altamente interativa.

Esses exemplos mostram que o Flutter não é apenas uma ferramenta para projetos menores ou protótipos; ele está sendo usado por empresas líderes para criar produtos robustos e de alto desempenho.

Nos próximos capítulos, você aprenderá como configurar seu ambiente de desenvolvimento, dominar a linguagem Dart, explorar os widgets do Flutter e muito mais. Este é apenas o começo de uma jornada emocionante na criação de aplicativos incríveis. Prepare-se para mergulhar fundo no mundo do Flutter e transformar suas ideias em realidade!

Capítulo 2

Instalação e Configuração do Ambiente de Desenvolvimento

Antes de começarmos a desenvolver nossos aplicativos com Flutter, é crucial configurar corretamente o ambiente de desenvolvimento. Neste capítulo, você aprenderá como instalar todas as ferramentas necessárias, configurar o Flutter no seu sistema operacional, e preparar emuladores e dispositivos físicos para testar seus aplicativos. Vamos garantir que você tenha tudo pronto para começar a programar de forma eficiente e sem problemas.

Escolhendo o Sistema Operacional

Flutter é compatível com os principais sistemas operacionais: Windows, macOS e Linux. Cada sistema tem suas particularidades, mas o processo de instalação é bastante similar. Abaixo, vamos detalhar os passos para cada plataforma.

1. Instalação no Windows

Passo 1: Baixar o SDK do Flutter
- Acesse o [site oficial do Flutter](https://flutter.dev) e baixe a versão mais recente do SDK para Windows.
- Extraia o arquivo ZIP para o diretório onde você deseja armazenar o SDK do Flutter (por exemplo, C:\flutter).

Passo 2: Configurar Variáveis de Ambiente
- Adicione o caminho C:\flutter\bin à variável de ambiente PATH do Windows:
  - Abra as Configurações do Sistema e navegue até Variáveis de Ambiente.
  - Encontre a variável Path na seção Variáveis de Sistema, clique em Editar e adicione o caminho C:\flutter\bin.
  - Clique em OK para salvar as mudanças.

Passo 3: Instalar o Android Studio
- Baixe e instale o [Android Studio](https://developer.android.com/studio).
- Durante a instalação, certifique-se de incluir o Android SDK, Android SDK Platform-Tools e Android SDK Build-Tools.
- Após a instalação, abra o Android Studio, vá até Configurações > Plugins, e instale o plugin Flutter (isso instalará automaticamente o plugin Dart).

Passo 4: Configurar o Emulador Android
- Abra o Android Studio, clique em AVD Manager (Android Virtual Device) e crie um novo dispositivo virtual (emulador) com a configuração desejada.
- Inicie o emulador para garantir que ele esteja funcionando corretamente.

2. Instalação no macOS

Passo 1: Baixar o SDK do Flutter

- Acesse o [site oficial do Flutter](https://flutter.dev) e baixe o SDK para macOS.
- Extraia o arquivo ZIP para um diretório onde deseja armazenar o SDK (por exemplo, ~/flutter).

Passo 2: Configurar Variáveis de Ambiente
- Abra o Terminal e adicione o Flutter ao PATH:
  - Edite o arquivo .zshrc ou .bash_profile (dependendo do shell que você usa) adicionando a linha:

    bash
    export PATH="$PATH:flutter/bin"

  - Salve o arquivo e reinicie o Terminal para aplicar as mudanças.

Passo 3: Instalar o Xcode
- Baixe e instale o [Xcode](https://developer.apple.com/xcode/) através da App Store.
- Após a instalação, abra o Xcode e vá até Preferences > Locations para selecionar a versão correta do Command Line Tools.

Passo 4: Instalar o Android Studio
- Baixe e instale o [Android Studio](https://developer.android.com/studio) no seu macOS.
- Instale o plugin Flutter como mencionado na seção de instalação do Windows.
- Configure um emulador Android através do AVD Manager.

Passo 5: Configurar um Simulador iOS

- Abra o Xcode, vá até Window > Devices and Simulators, e configure um simulador iOS.

3. Instalação no Linux

Passo 1: Baixar o SDK do Flutter
- Acesse o [site oficial do Flutter](https://flutter.dev) e baixe o SDK para Linux.
- Extraia o arquivo no diretório de sua escolha (por exemplo, ~/flutter).

Passo 2: Configurar Variáveis de Ambiente
- Abra o Terminal e edite o arquivo .bashrc ou .zshrc, adicionando a linha:

```bash
export PATH="$PATH:~/flutter/bin"
```

- Salve o arquivo e recarregue as variáveis de ambiente executando

Passo 3: Instalar o Android Studio
- Baixe e instale o [Android Studio](https://developer.android.com/studio) no seu sistema.
- Instale o plugin Flutter através do Plugins Manager do Android Studio.
- Configure um emulador Android usando o AVD Manager.

4. Verificando a Instalação com Flutter Doctor

Independente do sistema operacional, após configurar o Flutter e instalar o Android Studio, é importante verificar se todas as ferramentas foram instaladas corretamente. O Flutter possui uma ferramenta integrada chamada flutter doctor, que verifica o ambiente de desenvolvimento em busca de possíveis problemas.

Como Executar o Flutter Doctor
- Abra o Terminal ou Prompt de Comando (dependendo do seu sistema operacional).
- Digite flutter doctor e pressione Enter.

O flutter doctor verificará a instalação do Flutter, do Dart SDK, do Android Studio, do Xcode (para macOS), e se as variáveis de ambiente estão corretamente configuradas. Se houver algum problema, ele fornecerá orientações para corrigi-los.

Configuração de Emuladores e Dispositivos Físicos

Além dos emuladores configurados durante a instalação do Android Studio, você também pode testar seus aplicativos diretamente em dispositivos físicos.

Conectando um Dispositivo Android
- Ative o Modo Desenvolvedor no seu dispositivo Android, acessando Configurações > Sobre o telefone e tocando em "Número da versão" várias vezes até que a mensagem "Você agora é um desenvolvedor!" apareça.
- Ative a depuração USB nas Opções de Desenvolvedor.

- Conecte o dispositivo ao computador via USB. O Flutter detectará automaticamente o dispositivo.

Conectando um Dispositivo iOS
- Certifique-se de que o dispositivo esteja conectado ao macOS via USB.
- Abra o Xcode, vá até Devices and Simulators, e adicione o dispositivo físico.
- O dispositivo aparecerá automaticamente como opção ao rodar seu aplicativo pelo Flutter.

Capítulo 3

Primeiros Passos com Dart

Antes de mergulharmos no desenvolvimento de aplicativos com Flutter, é fundamental que você compreenda a linguagem de programação que sustenta todo o framework: Dart. Criada pelo Google, Dart é uma linguagem moderna, orientada a objetos e que foi projetada para ser fácil de aprender e usar, especialmente para o desenvolvimento de interfaces de usuário rápidas e fluidas. Neste capítulo, vamos explorar os conceitos básicos de Dart, garantindo que você tenha uma base sólida para avançar no desenvolvimento com Flutter.

O Que é Dart?

Dart é uma linguagem de programação otimizada para criar aplicativos rápidos em várias plataformas, como web, servidores e, claro, dispositivos móveis. Ela combina a familiaridade de linguagens como JavaScript e Java com recursos poderosos que facilitam a escrita de código limpo e eficiente.

Dart é uma linguagem compilada, o que significa que o código é convertido em código nativo (ou JavaScript, no caso de aplicativos web) antes de ser executado, resultando em aplicativos com desempenho superior. Além disso, Dart suporta paradigmas de programação estruturada, orientada a objetos e funcional, oferecendo flexibilidade aos desenvolvedores.

Sintaxe Básica de Dart

Vamos começar explorando a sintaxe básica de Dart, abordando variáveis, tipos de dados, operadores, estruturas de controle e funções.

1. Variáveis e Tipos de Dados

Em Dart, você pode declarar variáveis de forma explícita ou implícita. Dart é uma linguagem fortemente tipada, o que significa que cada variável tem um tipo específico, mas, muitas vezes, esse tipo pode ser inferido automaticamente.

- Declaração Explícita de Tipos:

```dart
int idade = 30;
double altura = 1.75;
String nome = 'João';
bool estaAtivo = true;
```

- Inferência de Tipo:

```dart
var cidade = 'São Paulo'; // Inferido como
var temperatura = 26.5; // Inferido como double
```

- Tipo Dinâmico:

```
dynamic valor = 42;
valor = 'Pode ser qualquer coisa';
```

O tipo dynamic permite que a variável mude de tipo durante a execução, mas seu uso deve ser limitado, pois pode introduzir erros difíceis de rastrear.

2. Operadores

Dart suporta uma variedade de operadores que você já deve estar familiarizado se já trabalhou com outras linguagens de programação.

- Operadores Aritméticos:

```
int soma = 5 + 3; // 8
int subtracao = 10 - 2; // 8
int multiplicacao = 4 * 2; // 8
double divisao = 16 / 2; // 8.0
int resto = 10 % 3; // 1
```

- Operadores de Comparação:

```
bool igual = 5 == 5; // true
bool diferente = 5 != 4; // true
```

```
bool maiorQue = 7 > 6; // true
bool menorQue = 3 < 5; // true
```

- Operadores Lógicos:

```
bool e = true && false; // false
bool ou = true || false; // true
bool nao = !true; // false
```

3. Estruturas de Controle

Dart oferece todas as estruturas de controle comuns, como condicionais e laços de repetição, que permitem controlar o fluxo do seu programa.

- Condicionais (if/else):

```
int idade = 18;
if (idade >= 18) {
  print('Você é maior de idade.');
} else {
  print('Você é menor de idade.');
}
```

- Switch:

```
String cor = 'vermelho';
switch (cor) {
   case 'vermelho':
     print('Pare!');
     break;
   case 'verde':
     print('Siga!');
     break;
   default:
     print('Cor não reconhecida.');
}
```

- Laços de Repetição (for, while, do-while):

```
for (int i = 0; i < 5; i++) {
   print('Contagem: $i');
}

int contador = 0;
while (contador < 5) {
  print('Contagem: $contador');
  contador++;
}

do {
  print('Executa pelo menos uma vez');
  contador--;
```

```
  } while (contador > 0);
```

4. Funções

Funções em Dart são blocos de código reutilizáveis que podem ser chamadas com parâmetros específicos.

- Definindo Funções:

```
void saudacao(String nome) {
  print('Olá, $nome!');
}

int somar(int a, int b) {
  return a + b;
}
```

- Funções Anônimas:

```
var multiplicar = (int a, int b) => a * b;
```

- Parâmetros Opcionais e Nomeados:

```
void mostrarInfo(String nome, {int idade = 18, String cidade = 'Desconhecida'}) {
```

```dart
    print('Nome: $nome, Idade: $idade, Cidade: $cidade');
  }
```

Orientação a Objetos em Dart

Dart é uma linguagem orientada a objetos, o que significa que tudo em Dart é um objeto, incluindo números, funções e até mesmo null. Vamos explorar os conceitos básicos de classes e objetos.

1. Classes e Objetos

- Definindo uma Classe:
  dart

```dart
class Pessoa {
    String nome;
    int idade;

    Pessoa(this.nome, this.idade);

    void apresentar() {
      print('Olá, meu nome é $nome e eu tenho $idade anos.');
    }
}
```

- Criando Objetos:
  dart

```dart
var pessoa = Pessoa('Maria', 25);
pessoa.apresentar(); // Olá, meu nome é Maria e eu tenho 25 anos.
```

2. Herança e Polimorfismo

Dart suporta herança, permitindo que você crie novas classes que herdam propriedades e métodos de outras classes.

- Exemplo de Herança:
  dart

```dart
class Animal {
    void comer() {
      print('Comendo...');
    }
}

class Cachorro extends Animal {
    void latir() {
      print('Au Au!');
    }
}
```

```dart
var cachorro = Cachorro();
cachorro.comer(); // Comendo...
cachorro.latir(); // Au Au!
```

O polimorfismo permite que métodos em classes derivadas substituam os métodos da classe base.

- Exemplo de Sobrescrita de Método:
  dart

```dart
class Animal {
   void fazerSom() {
      print('Som genérico');
   }
}

class Gato extends Animal {
  @override
   void fazerSom() {
      print('Miau!');
   }
}

var gato = Gato();
gato.fazerSom(); // Miau!
```

Capítulo 4

Entendendo a Estrutura de um Projeto Flutter

Ao iniciar um novo projeto Flutter, é essencial compreender a estrutura do projeto para que você possa navegar e trabalhar com facilidade. A organização dos arquivos e diretórios dentro de um projeto Flutter foi cuidadosamente projetada para ajudar desenvolvedores a manterem seu código limpo, gerenciável e escalável. Neste capítulo, vamos explorar a estrutura de um projeto Flutter típico, analisando o papel de cada diretório e arquivo, além de oferecer dicas sobre boas práticas de organização.

Criando um Novo Projeto Flutter

Quando você cria um novo projeto Flutter, seja pelo terminal ou pelo Android Studio, uma estrutura de diretórios padrão é gerada automaticamente. Para criar um projeto pelo terminal, você pode usar o seguinte comando:

bash
```
flutter create nome_do_projeto
```

Este comando gera um novo diretório chamado nome_do_projeto, que contém todos os arquivos e pastas necessários para começar a desenvolver.

Estrutura de Diretórios e Arquivos

Vamos analisar a estrutura padrão gerada e entender o propósito de cada parte:

plaintext
```
nome_do_projeto/
├── android/
├── ios/
├── lib/
│   └── main.dart
├── test/
├── pubspec.yaml
├── .gitignore
├── README.md
└── .metadata
```

1. Diretório android/

O diretório android/ contém os arquivos específicos do Android necessários para construir e executar o aplicativo em dispositivos Android. Aqui estão algumas das partes importantes dentro desse diretório:

- app/build.gradle: Este arquivo controla a configuração da construção do aplicativo Android, como as dependências e as configurações de build.

- src/main/AndroidManifest.xml: Contém informações sobre a configuração do aplicativo, como permissões necessárias e a atividade principal (MainActivity) que deve ser iniciada ao abrir o aplicativo.

Este diretório é essencialmente um projeto Android autônomo que o Flutter utiliza para compilar o código nativo e interagir com os recursos do sistema Android.

2. Diretório ios/

O diretório ios/ é equivalente ao diretório android/, mas para a plataforma iOS. Ele contém todos os arquivos necessários para compilar o aplicativo para dispositivos iOS.

- Runner.xcodeproj: Este é o projeto Xcode que pode ser aberto diretamente no Xcode para realizar configurações específicas de iOS.
- Info.plist: Contém informações de configuração importantes para o aplicativo iOS, como o nome do aplicativo, ícones, e permissões.

Assim como o diretório android/, este é um projeto iOS completo e é utilizado pelo Flutter para criar e executar o aplicativo em dispositivos da Apple.

3. Diretório lib/

O diretório lib/ é onde reside a maior parte do código Dart que você vai escrever para o seu aplicativo Flutter. Por padrão, ele contém o arquivo main.dart, que é o ponto de entrada do aplicativo.

- main.dart: Este é o arquivo principal do seu projeto Flutter. Quando o aplicativo é iniciado, o código dentro deste arquivo é executado primeiro. Geralmente, ele contém a função main(), que configura o aplicativo e inicia a execução.

Conforme o seu aplicativo cresce, é uma boa prática organizar o código dentro do diretório lib/ em subdiretórios como screens/, widgets/, models/, e services/ para manter a estrutura do projeto limpa e gerenciável.

4. Diretório test/

O diretório test/ é onde você pode escrever e armazenar testes automatizados para o seu aplicativo. Testes são essenciais para garantir que o código funciona conforme esperado e para prevenir regressões.

- Testes Unitários: Testes que verificam o comportamento de partes individuais do código, como funções ou métodos.
- Testes de Widget: Testes que verificam se os widgets (componentes de interface de usuário) são renderizados e se comportam corretamente.
- Testes de Integração: Testes que verificam o comportamento do aplicativo como um todo, geralmente simulando interações do usuário.

Manter uma boa cobertura de testes ajuda a garantir a qualidade do aplicativo à medida que ele evolui.

5. Arquivo pubspec.yaml

O arquivo pubspec.yaml é um dos arquivos mais importantes em um projeto Flutter. Ele define as dependências do projeto, como pacotes externos que o aplicativo pode usar, bem como recursos como imagens e fontes.

- Dependências: No arquivo pubspec.yaml, você especifica os pacotes que seu aplicativo usa. Estes pacotes podem ser bibliotecas publicadas no pub.dev, o repositório oficial de pacotes para Dart e Flutter.
- Assets: Aqui, você também lista os recursos (imagens, fontes, etc.) que o aplicativo utilizará.

Exemplo de um pubspec.yaml básico:

```yaml
name: nome_do_projeto
description: Uma nova aplicação Flutter
version: 1.0.0+1

environment:
  sdk: ">=2.12.0 <3.0.0"

dependencies:
  flutter:
```

```yaml
    sdk: flutter

  cupertino_icons: ^1.0.2

dev_dependencies:
  flutter_test:
    sdk: flutter

flutter:
  assets:
    - images/logo.png

  fonts:
    - family: Montserrat
      fonts:
        - asset: fonts/Montserrat-Regular.ttf
```

6. Arquivo .gitignore

Este arquivo contém uma lista de arquivos e diretórios que devem ser ignorados pelo sistema de controle de versão Git. Geralmente, ele inclui arquivos gerados automaticamente pelo Flutter e que não precisam ser versionados, como build/ e .flutter-plugins.

7. Arquivo README.md

O README.md é um arquivo Markdown que geralmente contém uma descrição do projeto, instruções de instalação, uso e outras informações relevantes. Este arquivo é especialmente útil se você planeja compartilhar ou colaborar no seu projeto com outras pessoas.

8. Arquivo .metadata

O arquivo .metadata é gerado automaticamente pelo Flutter e contém informações sobre a versão do SDK do Flutter utilizada para criar o projeto. Geralmente, você não precisará modificar ou interagir diretamente com este arquivo.

 Boas Práticas de Organização do Código

Conforme o seu projeto cresce, a organização do código se torna crucial para manter a manutenibilidade. Aqui estão algumas dicas:

- Modularize o Código: Divida seu código em diferentes módulos ou camadas, como screens, widgets, services, models, etc.
- Use Diretórios para Recursos: Crie subdiretórios dentro de lib/ para organizar diferentes partes do seu aplicativo. Por exemplo, lib/screens/ pode conter todas as telas principais, enquanto lib/widgets/ pode conter componentes reutilizáveis de UI.
- Nomeação Consistente: Use convenções de nomenclatura consistentes para arquivos e classes. Por exemplo, arquivos de tela podem ser nomeados como home_screen.dart ou

login_screen.dart, correspondendo às suas classes HomeScreen e LoginScreen.

Capítulo 5

Widgets: A Base do Flutter

No coração do Flutter estão os widgets. Widgets são os blocos de construção fundamentais usados para criar a interface de usuário (UI) em Flutter. Cada elemento visível e invisível em um aplicativo Flutter é um widget – desde botões e textos até layouts e animações. Entender os widgets é crucial para dominar o desenvolvimento de aplicativos com Flutter. Neste capítulo, vamos explorar o que são widgets, como eles funcionam, e como combiná-los para criar interfaces de usuário ricas e interativas.

O Que São Widgets?

Em termos simples, um widget é um componente de interface de usuário. Eles podem representar coisas visuais, como um botão ou um texto, ou comportamentos invisíveis, como o gerenciamento de estado ou a resposta a gestos do usuário. Widgets são aninhados uns dentro dos outros para construir interfaces complexas.

No Flutter, tudo é um widget. Isso inclui não apenas os componentes de interface, como botões e caixas de texto, mas também a estrutura de layout que organiza esses componentes na tela.

Tipos de Widgets

Existem dois tipos principais de widgets em Flutter:

1. Widgets de Composição (Stateless Widgets)
   - Esses widgets são imutáveis e não mantêm nenhum estado interno. Eles representam uma parte estática da interface que não muda durante a execução do aplicativo.
   - Exemplo: Text, Icon, RaisedButton.

2. Widgets de Estado (Stateful Widgets)
   - Diferente dos widgets de composição, os widgets de estado podem mudar de aparência ou comportamento em resposta a interações do usuário ou mudanças no estado interno.
   - Exemplo: Checkbox, Slider, TextField.

Construindo um Widget Simples

Vamos começar criando um widget simples que exibe uma mensagem de texto na tela. Esse exemplo usará um StatelessWidget, já que o texto não mudará durante a execução do aplicativo.

dart
```dart
import 'package:flutter/material.dart';

void main() {
  runApp(MeuApp());
}
```

```
class MeuApp extends StatelessWidget {
  @override
  Widget build(BuildContext context) {
    return MaterialApp(
      home: Scaffold(
        appBar: AppBar(
          title: Text('Meu Primeiro App Flutter'),
        ),
        body: Center(
          child: Text('Olá, Mundo!'),
        ),
      ),
    );
  }
}
```

Explicando o Código:

- void main(): Este é o ponto de entrada do aplicativo. A função runApp() é chamada para iniciar o aplicativo.
- MeuApp: Um widget que estende StatelessWidget. Ele define o layout principal do aplicativo.
- MaterialApp: Um widget que envolve toda a aplicação e fornece a estrutura básica para um aplicativo usando o Material Design.

- Scaffold: Um widget que implementa a estrutura visual básica de um aplicativo Material Design, incluindo a barra de app (AppBar) e o corpo (body).
- Center: Um widget que centraliza seu filho (neste caso, o Text) na tela.
- Text: Um widget que exibe uma string de texto na interface.

Stateful Widgets: Mantendo o Estado

Agora, vamos criar um exemplo usando um StatefulWidget. Imagine um botão que, quando pressionado, muda o texto exibido na tela.

dart
```dart
import 'package:flutter/material.dart';

void main() {
  runApp(MeuApp());
}

class MeuApp extends StatelessWidget {
  @override
  Widget build(BuildContext context) {
    return MaterialApp(
      home: Scaffold(
        appBar: AppBar(
          title: Text('App com Stateful Widget'),
        ),
        body: Center(
```

```dart
          child: Contador(),
        ),
      ),
    );
  }
}

class Contador extends StatefulWidget {
  @override
  _ContadorState createState() =>
_ContadorState();
}

class _ContadorState extends State<Contador> {
  int _contador = 0;

  void _incrementar() {
    setState(() {
      _contador++;
    });
  }

  @override
  Widget build(BuildContext context) {
    return Column(
      mainAxisAlignment:
MainAxisAlignment.center,
      children: <Widget>[
        Text(
```

```
              'Você pressionou o botão $_contador vezes:',
            ),
            ElevatedButton(
              onPressed: _incrementar,
              child: Text('Pressione-me'),
            ),
          ],
        );
      }
    }
```

Explicando o Código:

- Contador: Um StatefulWidget que gerencia um estado interno (_contador).
- _ContadorState: A classe de estado que mantém o estado interno e define o layout. A função setState() é usada para notificar o Flutter que o estado mudou, o que faz com que o widget seja reconstruído com o novo estado.
- Column: Um widget que organiza seus filhos verticalmente. Aqui, ele organiza o Text e o ElevatedButton.

Combinando Widgets

Widgets podem ser combinados de várias maneiras para criar interfaces mais complexas. Vamos ver como podemos usar widgets de layout, como Row e Column, junto com widgets de entrada e exibição.

dart

```dart
import 'package:flutter/material.dart';

void main() {
  runApp(MeuApp());
}

class MeuApp extends StatelessWidget {
  @override
  Widget build(BuildContext context) {
    return MaterialApp(
      home: Scaffold(
        appBar: AppBar(
          title: Text('App com Layouts Complexos'),
        ),
        body: Column(
          children: <Widget>[
            Row(
              children: <Widget>[
                Expanded(child: Text('Esquerda')),
                Expanded(child: Text('Direita')),
              ],
            ),
            Padding(
```

```
                    padding: const
EdgeInsets.all(16.0),
                  child: ElevatedButton(
                    onPressed: () {},
                    child: Text('Botão'),
                  ),
                ),
              ],
            ),
          ),
        );
      }
    }
```

Explicando o Código:

- Row: Um widget que organiza seus filhos horizontalmente. Neste exemplo, ele contém dois Text widgets que são distribuídos igualmente com Expanded.
- Expanded: Um widget que expande seus filhos para ocupar o espaço disponível na direção principal (horizontal no caso do Row).
- Padding: Um widget que adiciona espaçamento em torno de seus filhos. Aqui, ele é usado para adicionar espaço ao redor do botão.

Widgets de Layout: Organizando a Interface

Layouts são fundamentais para a criação de UIs responsivas e organizadas. Widgets como Row, Column, Stack e GridView permitem que você organize componentes na tela de maneiras diferentes.

- Row e Column: Usados para organizar widgets horizontalmente e verticalmente, respectivamente.
- Stack: Permite que widgets sejam posicionados uns sobre os outros.
- GridView: Cria uma grade de widgets, útil para exibir listas de itens em várias colunas.

Exemplo de um layout com Stack:

dart
```
Stack(
  children: <Widget>[
    Container(
      width: 200,
      height: 200,
      color: Colors.blue,
    ),
    Positioned(
      top: 50,
      left: 50,
      child: Container(
        width: 100,
        height: 100,
        color: Colors.red,
```

```
        ),
      ),
    ],
  )
```

Explicando o Código:

- Stack: Um widget que permite sobrepor outros widgets. No exemplo acima, uma caixa azul é sobreposta por uma caixa vermelha.
- Positioned: Usado dentro de um Stack para posicionar um widget de forma específica. Neste caso, a caixa vermelha é posicionada 50 pixels do topo e 50 pixels da esquerda.

Interatividade com Widgets

Além de exibir conteúdo, widgets também podem reagir a eventos do usuário, como toques e gestos.

- Botões: Widgets como ElevatedButton, TextButton e IconButton permitem que você execute ações quando o usuário interage com eles.
- Gestos: Widgets como GestureDetector permitem detectar toques, deslizes e outros gestos.

Exemplo de uso do GestureDetector:

dart

```
GestureDetector(
  onTap: () {
    print('Objeto tocado!');
  },
  child: Container(
    width: 100,
    height: 100,
    color: Colors.green,
  ),
)
```

Capítulo 6

Layouts em Flutter: Construindo Interfaces Flexíveis

A criação de interfaces de usuário atraentes e funcionais é uma das principais tarefas no desenvolvimento de aplicativos. Em Flutter, isso é feito utilizando layouts. Layouts permitem que você organize e posicione widgets na tela de maneira eficiente e flexível. Neste capítulo, exploraremos como utilizar os principais widgets de layout em Flutter, como Row, Column, Stack, e Flex, para criar interfaces responsivas e bem estruturadas.

O Que São Layouts?

Em Flutter, layouts são estruturas que determinam como os widgets são dispostos na tela. Eles podem ser horizontais, verticais, sobrepostos ou até mesmo dispostos em forma de grade. Flutter fornece uma variedade de widgets de layout que permitem criar interfaces complexas de maneira relativamente simples.

Layouts Básicos: Row e Column

Os widgets Row e Column são os blocos de construção mais básicos e frequentemente usados para criar layouts. Eles organizam widgets em linhas (horizontalmente) ou colunas (verticalmente).

1. Row: Layout Horizontal

O widget Row organiza seus filhos horizontalmente. Cada filho ocupa o espaço necessário para ser exibido, e o restante do espaço é distribuído entre os filhos de acordo com o layout especificado.

dart
```
Row(
  children: <Widget>[
    Icon(Icons.star, color: Colors.yellow),
    Text('Estrela'),
    Icon(Icons.star, color: Colors.yellow),
  ],
)
```

Neste exemplo, os widgets Icon e Text são organizados em uma linha horizontal.

Propriedades Comuns de Row:

- mainAxisAlignment: Define como os widgets filhos devem ser alinhados ao longo do eixo principal (horizontal para Row). Exemplos incluem MainAxisAlignment.start, MainAxisAlignment.center, e MainAxisAlignment.spaceBetween.
- crossAxisAlignment: Define o alinhamento ao longo do eixo transversal (vertical para Row). Pode ser

CrossAxisAlignment.start, CrossAxisAlignment.end, ou CrossAxisAlignment.center.

dart
```dart
Row(
  mainAxisAlignment: MainAxisAlignment.spaceEvenly,
  crossAxisAlignment: CrossAxisAlignment.center,
  children: <Widget>[
    Icon(Icons.star, color: Colors.yellow),
    Text('Estrela'),
    Icon(Icons.star, color: Colors.yellow),
  ],
)
```

2. Column: Layout Vertical

O widget Column organiza seus filhos verticalmente, semelhante ao Row, mas ao longo de um eixo vertical.

dart
```dart
Column(
  children: <Widget>[
    Text('Linha 1'),
    Text('Linha 2'),
    Text('Linha 3'),
  ],
)
```

Propriedades Comuns de Column:

- mainAxisAlignment: Como no Row, define o alinhamento dos filhos ao longo do eixo principal (vertical para Column).
- crossAxisAlignment: Define o alinhamento dos filhos ao longo do eixo transversal (horizontal para Column).

dart
```
Column(
  mainAxisAlignment: MainAxisAlignment.center,
  crossAxisAlignment: CrossAxisAlignment.start,
  children: <Widget>[
    Text('Linha 1'),
    Text('Linha 2'),
    Text('Linha 3'),
  ],
)
```

Layout Flexível: Expanded e Flex

Às vezes, você quer que um widget ocupe todo o espaço disponível ou seja ajustado de acordo com o espaço restante. Para isso, Flutter fornece widgets como Expanded e Flexible.

1. Expanded

O widget Expanded faz com que um widget filho dentro de um Row ou Column ocupe o espaço disponível. Ele se expande para preencher o espaço extra na direção do eixo principal.

dart
```
Row(
  children: <Widget>[
    Expanded(
      child: Container(
        color: Colors.red,
        child: Text('Preenche o espaço'),
      ),
    ),
    Container(
      color: Colors.green,
      child: Text('Ocupa espaço fixo'),
    ),
  ],
)
```

2. Flexible

O widget Flexible oferece mais controle sobre o espaço ocupado por seus filhos em comparação ao Expanded. Ele permite que você defina o fator de flexibilidade (flex) e se o widget deve ocupar apenas o espaço necessário ou preencher o espaço restante.

```dart
Row(
  children: <Widget>[
    Flexible(
      flex: 2,
      child: Container(
        color: Colors.blue,
        child: Text('Flex 2'),
      ),
    ),
    Flexible(
      flex: 1,
      child: Container(
        color: Colors.orange,
        child: Text('Flex 1'),
      ),
    ),
  ],
)
```

Neste exemplo, o primeiro container ocupará duas vezes mais espaço que o segundo.

Layout Sobreposto: Stack

O widget Stack permite que você sobreponha widgets uns sobre os outros. Isso é útil para criar interfaces complexas onde os widgets precisam ser colocados uns em cima dos outros, como ao exibir texto sobre uma imagem.

dart
```
Stack(
  children: <Widget>[
    Container(
      width: 200,
      height: 200,
      color: Colors.blue,
    ),
    Positioned(
      top: 20,
      left: 20,
      child: Container(
        width: 100,
        height: 100,
        color: Colors.red,
      ),
    ),
  ],
)
```

Propriedades Comuns de Stack:

- alignment: Define o alinhamento padrão dos filhos dentro do Stack. Exemplos incluem Alignment.center, Alignment.topLeft, e Alignment.bottomRight.

- Positioned: Um widget filho de Stack que permite posicionar outros widgets em locais específicos dentro do Stack.

Layout de Grade: GridView

O widget GridView permite criar uma grade de widgets. Ele é particularmente útil quando você precisa exibir uma lista de itens em várias colunas.

dart
```
GridView.count(
  crossAxisCount: 3,
  children: <Widget>[
    Container(color: Colors.red),
    Container(color: Colors.green),
    Container(color: Colors.blue),
    Container(color: Colors.yellow),
  ],
)
```

Propriedades Comuns de GridView:

- crossAxisCount: Define o número de colunas na grade.
- mainAxisSpacing: Define o espaçamento entre as linhas da grade.
- crossAxisSpacing: Define o espaçamento entre as colunas da grade.

Layout com ListView

O widget ListView é uma das maneiras mais comuns de exibir uma lista rolável de widgets. Ele é ideal para listas longas de itens, como listas de contatos ou mensagens.

dart
```
ListView(
  children: <Widget>[
    ListTile(
      leading: Icon(Icons.map),
      title: Text('Map'),
    ),
    ListTile(
      leading: Icon(Icons.photo),
      title: Text('Photos'),
    ),
    ListTile(
      leading: Icon(Icons.phone),
      title: Text('Phone'),
    ),
  ],
)
```

Propriedades Comuns de ListView:

- children: Uma lista de widgets que serão exibidos na lista.

- scrollDirection: Define a direção do rolamento, que pode ser vertical (Axis.vertical) ou horizontal (Axis.horizontal).
- padding: Adiciona espaçamento ao redor dos itens da lista.

Layout Responsivo com MediaQuery

O MediaQuery é uma ferramenta poderosa em Flutter que permite obter informações sobre o tamanho da tela, orientação, densidade de pixels e muito mais. Isso é crucial para criar layouts responsivos que se adaptam a diferentes tamanhos de tela.

```dart
Widget build(BuildContext context) {
  var larguraTela = MediaQuery.of(context).size.width;
  return Container(
    width: larguraTela * 0.8,
    color: Colors.blue,
    child: Text('80% da largura da tela'),
  );
}
```

Propriedades Comuns de MediaQuery:

- size: Retorna o tamanho da tela como Size, que inclui a largura (width) e altura (height).

- orientation: Retorna a orientação da tela, que pode ser Orientation.portrait ou Orientation.landscape.

Layouts Adaptáveis com LayoutBuilder

O LayoutBuilder permite que você construa layouts que se ajustam dinamicamente ao espaço disponível. Ele fornece o BoxConstraints, que define os limites mínimos e máximos para o tamanho dos widgets.

```dart
LayoutBuilder(
  builder: (BuildContext context, BoxConstraints constraints) {
    if (constraints.maxWidth < 600) {
      return Column(
        children: <Widget>[
          Text('Tela Pequena'),
        ],
      );
    } else {
      return Row(
        children: <Widget>[
          Text('Tela Grande'),
        ],
      );
    }
  },
)
```

Capítulo 7

Gerenciamento de Estado: Mantendo a Interface Sincronizada

Um dos desafios mais importantes no desenvolvimento de aplicativos modernos é garantir que a interface do usuário (UI) esteja sempre sincronizada com os dados subjacentes. Em Flutter, isso é feito através do gerenciamento de estado. Este capítulo explora o conceito de estado em aplicativos Flutter, apresenta diferentes abordagens para gerenciar esse estado e mostra como escolher a abordagem certa para o seu projeto.

O Que é Estado?

O estado em um aplicativo refere-se a qualquer dado que possa mudar durante a execução do aplicativo e que precise ser refletido na interface do usuário. Por exemplo, o número de itens em um carrinho de compras, o status de login de um usuário ou o conteúdo de um campo de texto são todos exemplos de estado.

Em Flutter, o estado pode ser dividido em dois tipos principais:

1. **Estado Efêmero (Local)**: É o estado que afeta apenas um widget ou uma pequena parte da árvore de widgets e pode ser gerenciado internamente por um StatefulWidget. Exemplo: um Checkbox que altera sua aparência quando marcado ou desmarcado.

2. Estado de Aplicação (Global): É o estado que afeta múltiplos widgets ou até mesmo todo o aplicativo. Exemplo: informações de um usuário logado que precisam ser acessadas em diferentes partes do aplicativo.

O Ciclo de Vida de um StatefulWidget

Antes de mergulhar nas diferentes abordagens de gerenciamento de estado, é importante entender como o ciclo de vida de um StatefulWidget funciona. Um StatefulWidget é um widget que possui um estado mutável e que pode ser atualizado durante a execução do aplicativo.

1. Criação do StatefulWidget

Quando um StatefulWidget é criado, a estrutura inicial do widget é estabelecida. Isso acontece na função createState(), que cria uma instância da classe de estado associada ao widget.

dart
```
class MeuWidget extends StatefulWidget {
  @override
  _MeuWidgetState createState() => _MeuWidgetState();
}
```

2. Montagem da Interface

Após a criação do estado, o método initState() é chamado. Este é o local ideal para inicializar variáveis e configurar qualquer dado que o widget precise para ser exibido.

dart
```dart
class _MeuWidgetState extends State<MeuWidget> {
  @override
  void initState() {
    super.initState();
    // Inicialize o estado aqui
  }
}
```

3. Atualização do Estado

O estado do widget pode ser atualizado a qualquer momento usando o método setState(). Quando setState() é chamado, o Flutter marca o widget como "necessitando de reconstrução" e o método build() é chamado novamente para reconstruir a interface.

dart
```dart
void _incrementarContador() {
  setState(() {
    contador++;
  });
}
```

4. Descarte do Estado

Quando o widget é removido da árvore de widgets, o método dispose() é chamado. Este é o momento de liberar quaisquer recursos que foram alocados durante o ciclo de vida do widget.

```dart
@override
void dispose() {
  // Libere recursos aqui
  super.dispose();
}
```

Abordagens de Gerenciamento de Estado

Flutter oferece várias abordagens para gerenciar o estado, desde métodos simples, adequados para pequenas partes da interface, até soluções mais sofisticadas, projetadas para aplicativos complexos. Vamos explorar as principais abordagens:

1. Gerenciamento de Estado Local com setState

O método mais simples de gerenciamento de estado em Flutter é utilizando setState(). Isso é ideal para gerenciar estado efêmero que afeta apenas um pequeno conjunto de widgets.

Quando Usar:
- Para pequenas interações que não precisam ser compartilhadas entre múltiplos widgets.
- Quando o estado não precisa persistir entre mudanças de tela.

Exemplo:

dart
```dart
class ContadorWidget extends StatefulWidget {
  @override
  _ContadorWidgetState createState() => _ContadorWidgetState();
}

class _ContadorWidgetState extends State<ContadorWidget> {
  int contador = 0;

  void _incrementar() {
    setState(() {
      contador++;
    });
  }

  @override
```

```
  Widget build(BuildContext context) {
    return Column(
      children: <Widget>[
        Text('Contador: $contador'),
        ElevatedButton(
          onPressed: _incrementar,
          child: Text('Incrementar'),
        ),
      ],
    );
  }
}
```

2. Lift State Up (Elevar o Estado)

Quando múltiplos widgets precisam compartilhar o mesmo estado, uma abordagem comum é "elevar" o estado para um ancestral comum. Isso significa que o estado é mantido em um widget pai e passado para os filhos como parâmetros.

Quando Usar:
- Quando dois ou mais widgets precisam acessar ou modificar o mesmo estado.
- Quando o estado deve ser compartilhado entre widgets que não são diretamente relacionados.

Exemplo:

```dart
class MeuApp extends StatefulWidget {
  @override
  _MeuAppState createState() => _MeuAppState();
}

class _MeuAppState extends State<MeuApp> {
  int contador = 0;

  void _incrementar() {
    setState(() {
      contador++;
    });
  }

  @override
  Widget build(BuildContext context) {
    return Scaffold(
      appBar: AppBar(title: Text('Elevar Estado')),
      body: Column(
        children: <Widget>[
          ContadorDisplay(contador: contador),
          ContadorBotao(incrementar: _incrementar),
        ],
      ),
    );
  }
```

```dart
}

class ContadorDisplay extends StatelessWidget {
  final int contador;

  ContadorDisplay({required this.contador});

  @override
  Widget build(BuildContext context) {
    return Text('Contador: $contador');
  }
}

class ContadorBotao extends StatelessWidget {
  final VoidCallback incrementar;

  ContadorBotao({required this.incrementar});

  @override
  Widget build(BuildContext context) {
    return ElevatedButton(
      onPressed: incrementar,
      child: Text('Incrementar'),
    );
  }
}
```

3. Provider

Provider é uma solução de gerenciamento de estado altamente recomendada pela equipe Flutter. Ele permite que o estado seja compartilhado entre widgets de forma eficiente e escalável, e é particularmente útil para aplicativos maiores onde o estado precisa ser acessado em diferentes partes da árvore de widgets.

Quando Usar:
- Para gerenciamento de estado global que precisa ser acessado por muitos widgets.
- Quando o estado precisa ser gerenciado de forma mais organizada e escalável.

Instalação:
Primeiro, adicione o provider ao seu arquivo pubspec.yaml:

```yaml
dependencies:
  flutter:
    sdk: flutter
  provider: ^6.0.0
```

Exemplo:

```dart
import 'package:flutter/material.dart';
import 'package:provider/provider.dart';
```

```dart
void main() {
  runApp(
    ChangeNotifierProvider(
      create: (context) => ContadorModelo(),
      child: MeuApp(),
    ),
  );
}

class MeuApp extends StatelessWidget {
  @override
  Widget build(BuildContext context) {
    return MaterialApp(
      home: Scaffold(
        appBar: AppBar(title: Text('Provider Example')),
        body: Column(
          children: <Widget>[
            ContadorDisplay(),
            ContadorBotao(),
          ],
        ),
      ),
    );
  }
}

class ContadorModelo extends ChangeNotifier {
```

```dart
  int _contador = 0;

  int get contador => _contador;

  void incrementar() {
    _contador++;
    notifyListeners();
  }
}

class ContadorDisplay extends StatelessWidget {
  @override
  Widget build(BuildContext context) {
    int contador =
context.watch<ContadorModelo>().contador;
    return Text('Contador: $contador');
  }
}

class ContadorBotao extends StatelessWidget {
  @override
  Widget build(BuildContext context) {
    return ElevatedButton(
      onPressed: () {
context.read<ContadorModelo>().incrementar();
      },
      child: Text('Incrementar'),
    );
```

      }
}

4. Riverpod

Riverpod é uma biblioteca de gerenciamento de estado que se baseia no Provider, mas oferece mais flexibilidade, segurança de tipos e menos dependência de widgets específicos de Flutter. Ele é ideal para projetos maiores e mais complexos.

Quando Usar:
- Quando você precisa de um gerenciamento de estado poderoso e flexível.
- Quando deseja separar melhor o gerenciamento de estado da lógica da interface do usuário.

Instalação:
Adicione o flutter_riverpod ao seu pubspec.yaml:

```yaml
dependencies:
  flutter:
    sdk: flutter
  flutter_riverpod: ^1.0.0
```

Exemplo:

```dart
import 'package:flutter/material.dart';
import 'package:flutter_riverpod/flutter_riverpod.dart';

void main() {
  runApp(ProviderScope(child: MeuApp()));
}

class MeuApp extends StatelessWidget {
  @override
  Widget build(BuildContext context) {
    return MaterialApp(
      home: Scaffold(
        appBar: AppBar(title: Text('Riverpod Example')),
        body: Column(
          children: <Widget>[
            ContadorDisplay(),
            ContadorBotao(),
          ],
        ),
      ),
    );
  }
}

final contadorProvider = StateProvider((ref) => 0);
```

```dart
class ContadorDisplay extends ConsumerWidget {
  @override
  Widget build(BuildContext context, WidgetRef ref) {
    int contador = ref.watch(contadorProvider);
    return Text('Contador: $contador');
  }
}

class ContadorBotao extends ConsumerWidget {
  @override
  Widget build(BuildContext context, WidgetRef ref) {
    return ElevatedButton(
      onPressed: () {
        ref.read(contadorProvider.notifier).state++;
      },
      child: Text('Incrementar'),
    );
  }
}
```

Escolhendo a Abordagem Certa

A escolha da abordagem de gerenciamento de estado depende das necessidades do seu aplicativo:

- setState: Ideal para estados simples e locais.
- Elevar Estado: Útil para compartilhar estado entre widgets relacionados.
- Provider: Adequado para aplicativos de médio a grande porte com necessidades de estado global.
- Riverpod: Melhor para aplicativos grandes e complexos que requerem um gerenciamento de estado robusto e flexível.

Capítulo 8

Navegação e Rotas: Movendo-se Entre Telas

À medida que você desenvolve aplicativos mais complexos em Flutter, a capacidade de navegar entre diferentes telas (ou "páginas") se torna essencial. Navegação e rotas são conceitos fundamentais para criar aplicativos que não só possuem uma interface de usuário rica, mas também proporcionam uma experiência fluida e intuitiva ao usuário. Neste capítulo, vamos explorar como a navegação funciona em Flutter, como configurar rotas e como gerenciar a pilha de navegação para criar fluxos de usuário eficientes.

Entendendo a Navegação em Flutter

Em Flutter, a navegação entre telas é gerenciada por um widget chamado Navigator. O Navigator é responsável por controlar uma pilha de rotas (telas), onde cada nova tela é "empilhada" sobre a anterior, e você pode "desempilhar" para voltar à tela anterior.

Conceitos Básicos de Rotas

Antes de entrar em detalhes sobre a navegação, é importante entender o conceito de "rota" em Flutter. Uma rota, em termos simples, é uma página ou tela no aplicativo. Cada vez que você navega para uma nova página, você está navegando para uma nova rota.

Existem dois tipos principais de rotas em Flutter:

1. Rotas Nomeadas (Named Routes): São rotas identificadas por um nome, geralmente definidas no momento da inicialização do aplicativo. Isso facilita a navegação entre telas específicas, especialmente em aplicativos grandes.

2. Rotas Não Nomeadas (Unnamed Routes): São rotas onde as telas são diretamente passadas como widgets. Essas rotas são úteis para navegação simples e direta.

Navegação Básica: Rotas Não Nomeadas

Vamos começar com o exemplo mais simples de navegação usando rotas não nomeadas. Aqui, a navegação é feita diretamente passando a próxima tela como um widget.

dart
```dart
import 'package:flutter/material.dart';

void main() {
  runApp(MeuApp());
}

class MeuApp extends StatelessWidget {
  @override
  Widget build(BuildContext context) {
    return MaterialApp(
```

```dart
      home: PrimeiraTela(),
    );
  }
}

class PrimeiraTela extends StatelessWidget {
  @override
  Widget build(BuildContext context) {
    return Scaffold(
      appBar: AppBar(title: Text('Primeira Tela')),
      body: Center(
        child: ElevatedButton(
          onPressed: () {
            Navigator.push(
              context,
              MaterialPageRoute(builder: (context) => SegundaTela()),
            );
          },
          child: Text('Ir para a Segunda Tela'),
        ),
      ),
    );
  }
}

class SegundaTela extends StatelessWidget {
  @override
```

```
  Widget build(BuildContext context) {
    return Scaffold(
      appBar: AppBar(title: Text('Segunda Tela')),
      body: Center(
        child: ElevatedButton(
          onPressed: () {
            Navigator.pop(context);
          },
          child: Text('Voltar para a Primeira Tela'),
        ),
      ),
    );
  }
}
```

Explicando o Código:

- Navigator.push(): Este método adiciona uma nova rota na pilha de navegação e exibe a nova tela. No exemplo acima, quando o botão é pressionado na PrimeiraTela, o Navigator.push() é chamado, passando a SegundaTela como a nova rota.
- Navigator.pop(): Este método remove a rota atual da pilha de navegação e retorna para a tela anterior. No exemplo, quando o botão na SegundaTela é pressionado, a tela é removida da pilha e o usuário volta para a PrimeiraTela.

Navegação com Rotas Nomeadas

Rotas nomeadas são mais estruturadas e são particularmente úteis em aplicativos maiores. Elas permitem definir todas as rotas antecipadamente e navegar entre elas usando nomes.

Configurando Rotas Nomeadas

Para usar rotas nomeadas, você precisa definir as rotas no MaterialApp e navegar usando o nome da rota.

dart
```dart
import 'package:flutter/material.dart';

void main() {
  runApp(MeuApp());
}

class MeuApp extends StatelessWidget {
  @override
  Widget build(BuildContext context) {
    return MaterialApp(
      initialRoute: '/',
      routes: {
        '/': (context) => PrimeiraTela(),
        '/segunda': (context) => SegundaTela(),
      },
    );
```

```
    }
}

class PrimeiraTela extends StatelessWidget {
  @override
  Widget build(BuildContext context) {
    return Scaffold(
      appBar: AppBar(title: Text('Primeira Tela')),
      body: Center(
        child: ElevatedButton(
          onPressed: () {
            Navigator.pushNamed(context, '/segunda');
          },
          child: Text('Ir para a Segunda Tela'),
        ),
      ),
    );
  }
}

class SegundaTela extends StatelessWidget {
  @override
  Widget build(BuildContext context) {
    return Scaffold(
      appBar: AppBar(title: Text('Segunda Tela')),
      body: Center(
```

```
        child: ElevatedButton(
          onPressed: () {
            Navigator.pop(context);
          },
          child: Text('Voltar para a Primeira
Tela'),
        ),
      ),
    );
  }
}
```

Explicando o Código:

- initialRoute: Define a rota inicial que será exibida quando o aplicativo for iniciado. No exemplo, a PrimeiraTela é a rota inicial.
- routes: Um mapa que associa nomes de rotas (String) a funções que constroem as telas (WidgetBuilder). Aqui, associamos '/' à PrimeiraTela e '/segunda' à SegundaTela.
- Navigator.pushNamed(): Navega para uma rota nomeada usando o nome da rota, neste caso '/segunda'.

Passando Dados Entre Telas

Muitas vezes, você precisará passar dados de uma tela para outra. Isso pode ser feito facilmente em Flutter, tanto com rotas nomeadas quanto não nomeadas.

Usando Rotas Não Nomeadas

dart

```dart
class PrimeiraTela extends StatelessWidget {
  @override
  Widget build(BuildContext context) {
    return Scaffold(
      appBar: AppBar(title: Text('Primeira Tela')),
      body: Center(
        child: ElevatedButton(
          onPressed: () {
            Navigator.push(
              context,
              MaterialPageRoute(
                builder: (context) => SegundaTela(dado: 'Olá da Primeira Tela!'),
              ),
            );
          },
          child: Text('Ir para a Segunda Tela'),
        ),
      ),
    );
  }
}

class SegundaTela extends StatelessWidget {
```

```dart
  final String dado;

  SegundaTela({required this.dado});

  @override
  Widget build(BuildContext context) {
    return Scaffold(
      appBar: AppBar(title: Text('Segunda Tela')),
      body: Center(
        child: Text(dado),
      ),
    );
  }
}
```

Usando Rotas Nomeadas

Para passar dados usando rotas nomeadas, você pode usar o argumento arguments no Navigator.pushNamed().

dart
```dart
class PrimeiraTela extends StatelessWidget {
  @override
  Widget build(BuildContext context) {
    return Scaffold(
      appBar: AppBar(title: Text('Primeira Tela')),
```

```
      body: Center(
        child: ElevatedButton(
          onPressed: () {
            Navigator.pushNamed(
              context,
              '/segunda',
              arguments: 'Olá da Primeira Tela!',
            );
          },
          child: Text('Ir para a Segunda Tela'),
        ),
      ),
    );
  }
}

class SegundaTela extends StatelessWidget {
  @override
  Widget build(BuildContext context) {
    final String dado = ModalRoute.of(context)!.settings.arguments as String;

    return Scaffold(
      appBar: AppBar(title: Text('Segunda Tela')),
      body: Center(
        child: Text(dado),
      ),
```

```
    );
  }
}
```

Navegação e Pilha de Rotas

O Navigator gerencia uma pilha de rotas, onde cada nova tela é empilhada sobre a anterior. A manipulação dessa pilha permite criar fluxos de navegação mais complexos.

Substituindo Rotas na Pilha

Se você deseja substituir a rota atual, de forma que o usuário não possa voltar para a tela anterior, você pode usar o Navigator.pushReplacement().

```dart
Navigator.pushReplacement(
  context,
  MaterialPageRoute(builder: (context) => NovaTela()),
);
```

Removendo Todas as Rotas Anteriores

Para remover todas as rotas anteriores e começar uma nova pilha, você pode usar o Navigator.pushAndRemoveUntil().

```dart
```

```
Navigator.pushAndRemoveUntil(
  context,
  MaterialPageRoute(builder: (context) =>
NovaTela()),
  (Route<dynamic> route) => false,
);
```

Navegação com Bottom Navigation Bar

Muitos aplicativos usam um BottomNavigationBar para permitir que os usuários naveguem facilmente entre as principais seções do aplicativo.

```dart
class MeuApp extends StatefulWidget {
  @override
  _MeuAppState createState() => _MeuAppState();
}

class _MeuAppState extends State<MeuApp> {
  int _indiceAtual = 0;
  final List<Widget> _telas = [
    PrimeiraTela(),
    SegundaTela(),
  ];

  void _aoSelecionar(int indice) {
    setState(() {
```

```
      _indiceAtual = indice;
    });
  }

  @override
  Widget build(BuildContext context) {
    return Scaffold(
      appBar: AppBar(title: Text('Bottom Navigation')),
      body: _telas[_indiceAtual
      
],

      bottomNavigationBar: BottomNavigationBar(
        currentIndex: _indiceAtual,
        onTap: _aoSelecionar,
        items: const <BottomNavigationBarItem>[
          BottomNavigationBarItem(
            icon: Icon(Icons.home),
            label: 'Home',
          ),
          BottomNavigationBarItem(
            icon: Icon(Icons.business),
            label: 'Business',
          ),
        ],
      ),
    );
  }
}
```

Gerenciamento Avançado de Rotas com onGenerateRoute

Quando você precisa de um controle mais detalhado sobre a navegação, como passar parâmetros dinâmicos ou definir animações personalizadas, você pode usar o onGenerateRoute.

dart
```dart
MaterialApp(
  onGenerateRoute: (RouteSettings settings) {
    switch (settings.name) {
      case '/segunda':
        final args = settings.arguments as String;
        return MaterialPageRoute(
          builder: (context) => SegundaTela(dado: args),
        );
      default:
        return MaterialPageRoute(
          builder: (context) => PrimeiraTela(),
        );
    }
  },
);
```

Conclusão

A navegação e o gerenciamento de rotas são fundamentais para criar aplicativos Flutter complexos e bem estruturados. Com as ferramentas e métodos discutidos neste capítulo, você pode criar fluxos de navegação suaves e intuitivos, garantindo que seus usuários possam se mover facilmente entre diferentes partes do seu aplicativo. No próximo capítulo, exploraremos a manipulação de dados e a integração de APIs, um passo essencial para conectar seu aplicativo Flutter ao mundo exterior. Vamos continuar!

Capítulo 9

Manipulação de Dados: Conectando seu App a APIs

Um dos aspectos mais importantes de um aplicativo moderno é sua capacidade de interagir com dados dinâmicos, geralmente fornecidos por APIs (Application Programming Interfaces). APIs permitem que seu aplicativo se conecte a serviços web para buscar, enviar e manipular dados em tempo real. Neste capítulo, vamos explorar como fazer requisições HTTP, manipular dados JSON e integrar APIs RESTful em seu aplicativo Flutter.

O Que é uma API?

Uma API, ou Interface de Programação de Aplicações, é um conjunto de regras que permite que diferentes softwares se comuniquem entre si. Em muitos casos, as APIs fornecem um ponto de acesso a dados armazenados em um servidor, permitindo que você obtenha informações (como notícias, dados do clima, ou perfis de usuários) e as exiba no seu aplicativo.

Tipos de Requisições HTTP

Em Flutter, a comunicação com APIs geralmente envolve o uso de requisições HTTP. Os tipos mais comuns de requisições HTTP que você usará são:

1. GET: Usada para solicitar dados de um servidor. Por exemplo, buscar uma lista de posts de um blog.
2. POST: Usada para enviar dados ao servidor, como enviar um formulário de cadastro.
3. PUT: Usada para atualizar dados existentes no servidor.
4. DELETE: Usada para excluir dados no servidor.

Configurando o Projeto para Usar HTTP

Para fazer requisições HTTP em Flutter, você precisará adicionar o pacote http ao seu projeto. Este pacote facilita o envio de requisições e a manipulação de respostas.

Passo 1: Adicionar Dependência no pubspec.yaml

Primeiro, adicione a dependência http no arquivo pubspec.yaml do seu projeto:

```yaml
dependencies:
  flutter:
    sdk: flutter
  http: ^0.13.3
```

Após adicionar a dependência, execute flutter pub get no terminal para baixar e instalar o pacote.

Passo 2: Importar o Pacote http

Agora, em seu arquivo Dart, você pode importar o pacote http para começar a usá-lo:

dart
import 'package:http/http.dart' as http;

Fazendo uma Requisição GET

Vamos começar com o tipo de requisição mais comum: a requisição GET. Este tipo de requisição é usado para buscar dados de uma API.

Exemplo Simples de Requisição GET

Vamos criar um exemplo que busca dados de uma API pública e os exibe na tela. Neste exemplo, usaremos uma API que retorna uma lista de usuários.

dart
```
import 'package:flutter/material.dart';
import 'package:http/http.dart' as http;
import 'dart:convert';

void main() {
  runApp(MeuApp());
}

class MeuApp extends StatelessWidget {
```

```dart
  @override
  Widget build(BuildContext context) {
    return MaterialApp(
      home: ListaUsuarios(),
    );
  }
}

class ListaUsuarios extends StatefulWidget {
  @override
  _ListaUsuariosState createState() => _ListaUsuariosState();
}

class _ListaUsuariosState extends State<ListaUsuarios> {
  List usuarios = [];

  @override
  void initState() {
    super.initState();
    fetchUsuarios();
  }

  Future<void> fetchUsuarios() async {
    final response = await http.get(Uri.parse('https://jsonplaceholder.typicode.com/users'));
```

```dart
    if (response.statusCode == 200) {
      setState(() {
        usuarios = json.decode(response.body);
      });
    } else {
      throw Exception('Falha ao carregar usuários');
    }
  }

  @override
  Widget build(BuildContext context) {
    return Scaffold(
      appBar: AppBar(title: Text('Lista de Usuários')),
      body: ListView.builder(
        itemCount: usuarios.length,
        itemBuilder: (context, index) {
          return ListTile(
            title: Text(usuarios[index]['name']),
            subtitle: Text(usuarios[index]['email']),
          );
        },
      ),
    );
  }
}
```

Explicando o Código:

- http.get(): Faz uma requisição GET à URL especificada e retorna uma resposta.
- json.decode(): Converte a resposta JSON em uma lista de objetos Dart. Isso permite que você manipule os dados em seu aplicativo.
- setState(): Atualiza o estado da tela para refletir os dados buscados, desencadeando uma reconstrução do widget com os novos dados.

Manipulando Erros e Exceções

Quando você faz requisições HTTP, é importante lidar com possíveis erros, como falhas de conexão ou respostas inválidas. Para isso, você pode usar blocos try-catch.

dart

```dart
Future<void> fetchUsuarios() async {
  try {
    final response = await http.get(Uri.parse('https://jsonplaceholder.typicode.com/users'));

    if (response.statusCode == 200) {
      setState(() {
        usuarios = json.decode(response.body);
      });
```

```
    } else {
      throw Exception('Falha ao carregar usuários');
    }
  } catch (e) {
    print('Ocorreu um erro: $e');
  }
}
```

Fazendo uma Requisição POST

As requisições POST são usadas para enviar dados para o servidor. Por exemplo, você pode usá-las para enviar dados de um formulário.

Exemplo de Requisição POST

Vamos criar um exemplo onde um novo usuário é adicionado a um servidor através de uma requisição POST.

dart

```
Future<void> criarUsuario(String nome, String email) async {
  final response = await http.post(
    Uri.parse('https://jsonplaceholder.typicode.com/users'),
    headers: <String, String>{
```

```
      'Content-Type': 'application/json; charset=UTF-8',
    },
    body: jsonEncode(<String, String>{
      'name': nome,
      'email': email,
    }),
  );

  if (response.statusCode == 201) {
    print('Usuário criado com sucesso');
  } else {
    throw Exception('Falha ao criar usuário');
  }
}
```

Explicando o Código:

- http.post(): Envia uma requisição POST à URL especificada com cabeçalhos e corpo de dados JSON.
- headers: Define o tipo de conteúdo da requisição como JSON.
- body: Contém os dados que estão sendo enviados ao servidor, codificados como JSON.
- response.statusCode == 201: O código de status 201 indica que o recurso foi criado com sucesso.

Integração de APIs RESTful

APIs RESTful seguem padrões específicos para permitir a interação com recursos de um servidor. Em geral, você usará métodos HTTP como GET, POST, PUT e DELETE para interagir com esses recursos.

Exemplo de Integração Completa

Vamos combinar tudo o que aprendemos em um exemplo que inclui buscar, criar, atualizar e excluir usuários em uma API RESTful.

dart

```
class UsuarioApi {
  final String apiUrl = 'https://jsonplaceholder.typicode.com/users';

  Future<List> fetchUsuarios() async {
    final response = await http.get(Uri.parse(apiUrl));
    if (response.statusCode == 200) {
      return json.decode(response.body);
    } else {
      throw Exception('Falha ao carregar usuários');
    }
  }

  Future<void> criarUsuario(String nome, String
```

```dart
email) async {
    final response = await http.post(
      Uri.parse(apiUrl),
      headers: <String, String>{
        'Content-Type': 'application/json; charset=UTF-8',
      },
      body: jsonEncode(<String, String>{
        'name': nome,
        'email': email,
      }),
    );

    if (response.statusCode != 201) {
      throw Exception('Falha ao criar usuário');
    }
  }

  Future<void> atualizarUsuario(int id, String nome, String email) async {
    final response = await http.put(
      Uri.parse('$apiUrl/$id'),
      headers: <String, String>{
        'Content-Type': 'application/json; charset=UTF-8',
      },
      body: jsonEncode(<String, String>{
        'name': nome,
        'email': email,
```

```dart
      }),
    );

    if (response.statusCode != 200) {
      throw Exception('Falha ao atualizar usuário');
    }
  }

  Future<void> deletarUsuario(int id) async {
    final response = await http.delete(Uri.parse('$apiUrl/$id'));
    if (response.statusCode != 200) {
      throw Exception('Falha ao deletar usuário');
    }
  }
}
```

Usando o Provider com APIs

Integrar APIs com Provider permite que você gerencie o estado do aplicativo de forma centralizada enquanto busca e manipula dados remotamente.

Exemplo com Provider e API

dart

```dart
class UsuarioModelo extends ChangeNotifier {
  List _usuarios = [];
  UsuarioApi _api = UsuarioApi();

  List get usuarios => _usuarios;

  Future<void> carregarUsuarios() async {
    _usuarios = await _api.fetchUsuarios();
    notifyListeners();
  }

  Future<void> adicionarUsuario(String nome, String email) async {
     await _api.criarUsuario(nome, email);
     await carregarUsuarios(); // Atualiza a lista após a adição
  }

  // Similar para atualizar e deletar...
}
```

No código acima, o UsuarioModelo usa a UsuarioApi para buscar e manipular dados, e notifica os widgets dependentes sempre que o estado muda.

Conclusão

Manipular dados e conectar

No próximo capítulo, exploraremos o armazenamento local, permitindo que seu aplicativo funcione mesmo offline. Vamos continuar a jornada!

Capítulo 10

Armazenamento Local: Salvando Dados no Dispositivo

Armazenar dados localmente no dispositivo é uma parte essencial do desenvolvimento de aplicativos que precisam funcionar de forma offline ou preservar informações importantes entre sessões do usuário. Em Flutter, existem várias maneiras de realizar o armazenamento local, dependendo do tipo e da quantidade de dados que você precisa salvar. Neste capítulo, vamos explorar as principais técnicas de armazenamento local em Flutter, incluindo o uso de SharedPreferences, arquivos locais, e bancos de dados SQLite.

Quando Usar Armazenamento Local?

Armazenamento local é útil em vários cenários, como:

- Persistência de Preferências do Usuário: Salvar configurações como o tema escolhido pelo usuário (claro ou escuro), idioma preferido, etc.
- Armazenamento de Dados Temporários: Salvar dados que não precisam ser enviados para o servidor, como um rascunho de uma mensagem ou uma lista de tarefas.

- Funcionalidade Offline: Permitir que o aplicativo continue funcionando sem conexão com a internet, como armazenar mensagens para envio posterior.

Armazenamento Simples com SharedPreferences

O SharedPreferences é uma maneira simples e eficaz de armazenar pequenas quantidades de dados no dispositivo, como pares de chave-valor. É ideal para armazenar configurações ou preferências do usuário.

Instalando o SharedPreferences

Para começar a usar o SharedPreferences, adicione a dependência no arquivo pubspec.yaml do seu projeto:

```yaml
dependencies:
  flutter:
    sdk: flutter
  shared_preferences: ^2.0.6
```

Após adicionar a dependência, execute flutter pub get no terminal para instalar o pacote.

Salvando e Recuperando Dados com SharedPreferences

Vamos criar um exemplo onde salvamos o nome do usuário e o recuperamos na próxima vez que o aplicativo for aberto.

dart

```dart
import 'package:flutter/material.dart';
import 'package:shared_preferences/shared_preferences.dart';

void main() {
  runApp(MeuApp());
}

class MeuApp extends StatelessWidget {
  @override
  Widget build(BuildContext context) {
    return MaterialApp(
      home: TelaPrincipal(),
    );
  }
}

class TelaPrincipal extends StatefulWidget {
  @override
  _TelaPrincipalState createState() => _TelaPrincipalState();
}

class _TelaPrincipalState extends State<TelaPrincipal> {
  TextEditingController _controller =
```

```dart
TextEditingController();
  String _nome = '';

  @override
  void initState() {
    super.initState();
    _carregarNome();
  }

  Future<void> _carregarNome() async {
    final prefs = await SharedPreferences.getInstance();
    setState(() {
      _nome = prefs.getString('nome') ?? '';
    });
  }

  Future<void> _salvarNome() async {
    final prefs = await SharedPreferences.getInstance();
    prefs.setString('nome', _controller.text);
  }

  @override
  Widget build(BuildContext context) {
    return Scaffold(
      appBar: AppBar(title: Text('Armazenamento com SharedPreferences')),
      body: Padding(
```

```
            padding: const EdgeInsets.all(16.0),
            child: Column(
              children: <Widget>[
                TextField(
                  controller: _controller,
                  decoration:
InputDecoration(labelText: 'Digite seu nome'),
                ),
                ElevatedButton(
                  onPressed: () {
                    _salvarNome();
                    _carregarNome();
                  },
                  child: Text('Salvar Nome'),
                ),
                Text('Nome salvo: $_nome'),
              ],
            ),
          ),
        );
      }
    }
```

Explicando o Código:

- SharedPreferences.getInstance(): Recupera a instância do SharedPreferences que permite acessar e manipular os dados salvos.

- prefs.getString('nome'): Obtém o valor associado à chave 'nome'. Se não houver valor salvo, retorna um valor padrão ('' neste caso).
- prefs.setString('nome', _controller.text): Salva o valor do campo de texto sob a chave 'nome' para acesso futuro.

Armazenamento de Dados em Arquivos Locais

Se você precisa armazenar dados mais complexos, como listas ou estruturas de dados aninhadas, ou se precisa salvar dados em um formato específico, como JSON ou CSV, você pode usar arquivos locais.

Usando o Pacote Path Provider

O pacote path_provider facilita o acesso aos diretórios comuns no dispositivo, como o diretório de documentos ou o diretório temporário. Adicione-o ao seu pubspec.yaml:

```yaml
dependencies:
  flutter:
    sdk: flutter
  path_provider: ^2.0.2
```

Escrevendo e Lendo Dados em Arquivos

Vamos criar um exemplo simples onde armazenamos uma lista de tarefas em um arquivo JSON.

dart

```dart
import 'dart:convert';
import 'dart:io';
import 'package:flutter/material.dart';
import 'package:path_provider/path_provider.dart';

void main() {
  runApp(MeuApp());
}

class MeuApp extends StatelessWidget {
  @override
  Widget build(BuildContext context) {
    return MaterialApp(
      home: ListaTarefas(),
    );
  }
}

class ListaTarefas extends StatefulWidget {
  @override
  _ListaTarefasState createState() => _ListaTarefasState();
}

class _ListaTarefasState extends State<ListaTarefas> {
```

```dart
  List<String> _tarefas = [];
  TextEditingController _controller =
TextEditingController();

  @override
  void initState() {
    super.initState();
    _lerTarefas();
  }

  Future<void> _lerTarefas() async {
    final arquivo = await _getArquivo();
    if (await arquivo.exists()) {
      final conteudo = await
arquivo.readAsString();
      setState(() {
        _tarefas =
List<String>.from(json.decode(conteudo));
      });
    }
  }

  Future<void> _salvarTarefas() async {
    final arquivo = await _getArquivo();
    final conteudo = json.encode(_tarefas);
    await arquivo.writeAsString(conteudo);
  }

  Future<File> _getArquivo() async {
```

```dart
    final diretorio = await getApplicationDocumentsDirectory();
    return File('${diretorio.path}/tarefas.json');
  }

  void _adicionarTarefa() {
    setState(() {
      _tarefas.add(_controller.text);
      _controller.clear();
    });
    _salvarTarefas();
  }

  @override
  Widget build(BuildContext context) {
    return Scaffold(
      appBar: AppBar(title: Text('Lista de Tarefas')),
      body: Column(
        children: <Widget>[
          TextField(
            controller: _controller,
            decoration: InputDecoration(labelText: 'Nova Tarefa'),
          ),
          ElevatedButton(
            onPressed: _adicionarTarefa,
            child: Text('Adicionar Tarefa'),
```

```
            ),
            Expanded(
              child: ListView.builder(
                itemCount: _tarefas.length,
                itemBuilder: (context, index) {
                  return ListTile(
                    title: Text(_tarefas[index]),
                  );
                },
              ),
            ),
          ],
        ),
      );
    }
  }
```

Explicando o Código:

- getApplicationDocumentsDirectory(): Retorna o diretório de documentos da aplicação, onde os dados persistentes são geralmente armazenados.
- _getArquivo(): Gera um File apontando para o caminho onde o arquivo será salvo.
- _lerTarefas(): Lê o conteúdo do arquivo e converte de JSON para uma lista de tarefas.
- _salvarTarefas(): Converte a lista de tarefas para JSON e salva no arquivo.

Armazenamento Avançado com SQLite

Para aplicações que precisam armazenar e gerenciar grandes quantidades de dados estruturados, um banco de dados local como SQLite é a melhor opção. O Flutter suporta SQLite através do pacote sqflite.

Instalando o Pacote SQLite

Adicione o pacote sqflite e o path_provider (para obter o caminho do diretório) no arquivo pubspec.yaml:

```yaml
dependencies:
  flutter:
    sdk: flutter
  sqflite: ^2.0.0+3
  path_provider: ^2.0.2
  path: ^1.8.0
```

Criando e Manipulando um Banco de Dados SQLite

Vamos criar um exemplo básico de um aplicativo que gerencia uma lista de contatos usando SQLite.

```dart
import 'package:flutter/material.dart';
```

```dart
import 'package:sqflite/sqflite.dart';
import 'package:path/path.dart';
import 'package:path_provider/path_provider.dart';

void main() {
  runApp(MeuApp());
}

class MeuApp extends StatelessWidget {
  @override
  Widget build(BuildContext context) {
    return MaterialApp(
      home: ListaContatos(),
    );
  }
}

class ListaContatos extends StatefulWidget {
  @override
  _ListaContatosState createState() =>
      _ListaContatosState();
}

class _ListaContatosState extends
State<ListaContatos> {
  late Database _database;
  List<Map<String, dynamic>> _contatos = [];
```

```dart
  @override
  void initState() {
    super.initState();
    _abrirBancoDados().then((db) {
      _database = db;
      _carregarContatos();
    });
  }

  Future<Database> _abrirBancoDados() async {
    final caminho = await getDatabasesPath();
    return openDatabase(
      join(caminho, 'contatos.db'),
      onCreate: (db, version) {
        return db.execute(
          "CREATE TABLE contatos(id INTEGER PRIMARY KEY, nome TEXT, telefone TEXT)",
        );
      },
      version: 1,
    );
  }

  Future<void> _carregarContatos() async {
    final List<Map<String, dynamic>> contatos = await _database.query('contatos');
    setState(() {
```

```dart
      _contatos = contatos;
    });
  }

  Future<void> _adicionarContato(String nome,
String telefone) async {
    await _database.insert(
      'contatos',
      {'nome': nome, 'telefone': telefone},
      conflictAlgorithm:
ConflictAlgorithm.replace,
    );
    _carregarContatos();
  }

  @override
  Widget build(BuildContext context) {
    TextEditingController nomeController =
TextEditingController();
    TextEditingController telefoneController =
TextEditingController();

    return Scaffold(
      appBar: AppBar(title: Text('Lista de
Contatos')),
      body: Column(
        children: <Widget>[
          TextField(
            controller: nomeController,
```

```dart
          decoration: InputDecoration(labelText: 'Nome'),
        ),
        TextField(
          controller: telefoneController,
          decoration: InputDecoration(labelText: 'Telefone'),
        ),
        ElevatedButton(
          onPressed: () {
            _adicionarContato(nomeController.text, telefoneController.text);
          },
          child: Text('Adicionar Contato'),
        ),
        Expanded(
          child: ListView.builder(
            itemCount: _contatos.length,
            itemBuilder: (context, index) {
              return ListTile(
                title: Text(_contatos[index]['nome']),
                subtitle: Text(_contatos[index]['telefone']),
              );
            },
          ),
        ),
```

```
      ],
    ),
  );
 }
}
```

Explicando o Código:

- getDatabasesPath(): Retorna o caminho onde os bancos de dados são armazenados no dispositivo.
- openDatabase(): Abre uma conexão com o banco de dados SQLite, criando-o se não existir.
- _abrirBancoDados(): Define a estrutura do banco de dados na primeira execução.
- _carregarContatos(): Busca todos os contatos da tabela e atualiza a lista exibida.
- _adicionarContato(): Insere um novo contato na tabela e recarrega a lista.

Conclusão

Armazenar dados localmente é uma necessidade comum em muitos aplicativos móveis, e Flutter oferece várias soluções para isso. Desde o armazenamento simples com SharedPreferences, passando por arquivos locais, até o uso de bancos de dados SQLite para necessidades mais complexas, você agora tem as ferramentas para persistir dados no dispositivo de forma eficaz. No próximo capítulo, exploraremos como integrar o Firebase para autenticação e armazenamento de dados em tempo real, ampliando ainda mais as capacidades do seu aplicativo Flutter. Vamos continuar!

Capítulo 11

Integração com Firebase: Autenticação e Banco de Dados em Tempo Real

O Firebase é uma plataforma poderosa oferecida pelo Google que fornece uma ampla gama de serviços para desenvolvimento de aplicativos móveis e web. Entre suas funcionalidades mais utilizadas estão a autenticação de usuários e o banco de dados em tempo real (Realtime Database). Neste capítulo, vamos explorar como integrar o Firebase em um aplicativo Flutter, com foco na autenticação de usuários e na utilização do Firebase Realtime Database para armazenar e sincronizar dados em tempo real.

O Que é o Firebase?

O Firebase oferece uma coleção de ferramentas que facilitam o desenvolvimento de aplicativos modernos e escaláveis. Dois dos serviços mais populares são:

- Firebase Authentication: Fornece métodos seguros para autenticar usuários, como login por email/senha, Google, Facebook, e outros provedores de identidade.
- Firebase Realtime Database: Um banco de dados NoSQL que permite armazenar e sincronizar dados entre usuários em tempo real.

Configurando o Firebase no Projeto Flutter

Antes de começar a utilizar o Firebase no seu aplicativo, é necessário configurá-lo corretamente.

Passo 1: Criar um Projeto no Firebase

1. Acesse o [console do Firebase](https://console.firebase.google.com/).
2. Clique em "Adicionar projeto" e siga as instruções para criar um novo projeto.
3. Após criar o projeto, você será redirecionado para o painel do Firebase.

Passo 2: Adicionar o Firebase ao Seu Projeto Flutter

1. Configuração no Android:
   - No painel do Firebase, selecione o ícone do Android para adicionar um aplicativo Android ao projeto.
   - Insira o nome do pacote do aplicativo (encontrado no arquivo AndroidManifest.xml).
   - Faça o download do arquivo google-services.json e coloque-o na pasta android/app do seu projeto Flutter.
   - No arquivo android/build.gradle, adicione o plugin do Google Services:
   groovy
   dependencies {
     classpath 'com.google.gms:google-services:4.3.15'
   }

   - No arquivo android/app/build.gradle, adicione a linha:

```groovy
apply plugin: 'com.google.gms.google-services'
```

2. Configuração no iOS:
   - No painel do Firebase, selecione o ícone do iOS para adicionar um aplicativo iOS ao projeto.
   - Insira o ID do aplicativo (geralmente encontrado no Xcode).
   - Faça o download do arquivo GoogleService-Info.plist e coloque-o na pasta ios/Runner.
   - Execute pod install na pasta ios para instalar as dependências.

3. Adicionar Dependências no pubspec.yaml:
   No arquivo pubspec.yaml, adicione as dependências do Firebase:

```yaml
dependencies:
  flutter:
    sdk: flutter
  firebase_core: ^2.7.0
  firebase_auth: ^6.4.0
  firebase_database: ^10.1.0
```

Execute flutter pub get para instalar as dependências.

Firebase Authentication

A autenticação de usuários é um aspecto essencial para muitos aplicativos. O Firebase Authentication facilita o processo de autenticação, permitindo que você use métodos comuns como email/senha ou login social.

Configurando a Autenticação

1. No painel do Firebase, selecione "Authentication" e clique em "Métodos de login".
2. Ative os métodos de login desejados, como email/senha.

Implementando a Autenticação no Flutter

Vamos criar uma tela de login simples que utiliza autenticação por email e senha.

```dart
import 'package:flutter/material.dart';
import 'package:firebase_core/firebase_core.dart';
import 'package:firebase_auth/firebase_auth.dart';

void main() async {
  WidgetsFlutterBinding.ensureInitialized();
  await Firebase.initializeApp();
  runApp(MeuApp());
}
```

```dart
class MeuApp extends StatelessWidget {
  @override
  Widget build(BuildContext context) {
    return MaterialApp(
      home: TelaLogin(),
    );
  }
}

class TelaLogin extends StatefulWidget {
  @override
  _TelaLoginState createState() =>
_TelaLoginState();
}

class _TelaLoginState extends State<TelaLogin> {
  final _emailController =
TextEditingController();
  final _senhaController =
TextEditingController();
  final _auth = FirebaseAuth.instance;

  Future<void> _login() async {
    try {
      await _auth.signInWithEmailAndPassword(
        email: _emailController.text,
        password: _senhaController.text,
      );
```

```dart
        Navigator.push(
          context,
          MaterialPageRoute(builder: (context) => TelaPrincipal()),
        );
    } catch (e) {
      print('Erro ao fazer login: $e');
    }
  }

  @override
  Widget build(BuildContext context) {
    return Scaffold(
      appBar: AppBar(title: Text('Login')),
      body: Padding(
        padding: const EdgeInsets.all(16.0),
        child: Column(
          children: <Widget>[
            TextField(
              controller: _emailController,
              decoration: InputDecoration(labelText: 'Email'),
            ),
            TextField(
              controller: _senhaController,
              decoration: InputDecoration(labelText: 'Senha'),
              obscureText: true,
            ),
```

```
          ElevatedButton(
            onPressed: _login,
            child: Text('Entrar'),
          ),
        ],
      ),
    ),
  );
 }
}

class TelaPrincipal extends StatelessWidget {
  @override
  Widget build(BuildContext context) {
    return Scaffold(
      appBar: AppBar(title: Text('Tela Principal')),
      body: Center(child: Text('Bem-vindo!')),
    );
  }
}
```

Explicando o Código:

- FirebaseAuth.instance: Obtém a instância do Firebase Authentication.
- signInWithEmailAndPassword(): Autentica o usuário com email e senha.

- Navigator.push(): Navega para a tela principal após a autenticação bem-sucedida.

Firebase Realtime Database

O Firebase Realtime Database é um banco de dados NoSQL que permite armazenar e sincronizar dados entre os usuários em tempo real.

Configurando o Realtime Database

1. No painel do Firebase, selecione "Realtime Database" e clique em "Criar Banco de Dados".
2. Escolha o modo de segurança (regras de desenvolvimento ou produção) e clique em "Ativar".

Estrutura de Dados e Regras

O Realtime Database armazena dados em um formato JSON, e você pode definir regras para controlar o acesso aos dados. É importante ajustar essas regras para garantir a segurança do banco de dados em um ambiente de produção.

Implementando o Realtime Database no Flutter

Vamos criar um exemplo simples onde gerenciamos uma lista de tarefas usando o Firebase Realtime Database.

dart
```dart
import 'package:flutter/material.dart';
```

```dart
import
'package:firebase_core/firebase_core.dart';
import
'package:firebase_database/firebase_database.dart
';

void main() async {
  WidgetsFlutterBinding.ensureInitialized();
  await Firebase.initializeApp();
  runApp(MeuApp());
}

class MeuApp extends StatelessWidget {
  @override
  Widget build(BuildContext context) {
    return MaterialApp(
      home: TelaTarefas(),
    );
  }
}

class TelaTarefas extends StatefulWidget {
  @override
  _TelaTarefasState createState() =>
_TelaTarefasState();
}

class _TelaTarefasState extends
State<TelaTarefas> {
```

```dart
  final _controller = TextEditingController();
  final _database =
FirebaseDatabase.instance.reference();
  List<String> _tarefas = [];

  @override
  void initState() {
    super.initState();
    _carregarTarefas();
  }

  Future<void> _carregarTarefas() async {
_database.child('tarefas').onValue.listen((event)
{
      final data = event.snapshot.value as Map?;
      if (data != null) {
        setState(() {
          _tarefas =
List<String>.from(data.values);
        });
      }
    });
  }

  Future<void> _adicionarTarefa() async {
    final tarefa = _controller.text;
    if (tarefa.isNotEmpty) {
```

```dart
      _database.child('tarefas').push().set(tarefa);
      _controller.clear();
    }
  }

  @override
  Widget build(BuildContext context) {
    return Scaffold(
      appBar: AppBar(title: Text('Lista de Tarefas')),
      body: Column(
        children: <Widget>[
          TextField(
            controller: _controller,
            decoration: InputDecoration(labelText: 'Nova Tarefa'),
          ),
          ElevatedButton(
            onPressed: _adicionarTarefa,
            child: Text('Adicionar Tarefa'),
          ),
          Expanded(
            child: ListView.builder(
              itemCount: _tarefas.length,
              itemBuilder: (context, index) {
                return ListTile(
                  title: Text(_tarefas[index]),
                );
              },
```

```
                ),
              ),
            ],
          ),
        );
      }
    }
```

Explicando o Código:

- FirebaseDatabase.instance.reference(): Obtém uma referência ao banco de dados.
- _database.child('tarefas').onValue.listen(): Escuta mudanças em tempo real na referência 'tarefas'.
- _database.child('tarefas').push().set(tarefa): Adiciona uma nova tarefa ao banco de dados.

Gerenciamento de Dados em Tempo Real

Uma das principais vantagens do Firebase Realtime Database é a capacidade de gerenciar dados em tempo real, o que

significa que todas as alterações feitas no banco de dados são automaticamente sincronizadas com todos os clientes conectados.

Atualização de Dados

Para atualizar um registro existente:

```dart
Future<void> _atualizarTarefa(String id, String novaTarefa) async {
  await _database.child('tarefas').child(id).update({'nome': novaTarefa});
}
```

Exclusão de Dados

Para excluir um registro existente:

```dart
Future<void> _excluirTarefa(String id) async {
  await _database.child('tarefas').child(id).remove();
}
```

Considerações de Segurança

Ao utilizar o Firebase Realtime Database, é crucial configurar regras de segurança adequadas para proteger os dados do seu aplicativo. Isso inclui definir quem pode ler e escrever dados no banco de dados, além de autenticar os usuários corretamente antes de permitir o acesso.

Definindo Regras de Segurança

No painel do Firebase, você pode definir regras de segurança específicas para seu banco de dados. Por exemplo:

```json
{
  "rules": {
    ".read": "auth != null",
    ".write": "auth != null"
  }
}
```

Essas regras garantem que apenas usuários autenticados possam ler e escrever dados no banco de dados.

Conclusão

A integração com o Firebase proporciona ao seu aplicativo Flutter uma poderosa funcionalidade de autenticação de usuários e armazenamento de dados em tempo real. Com o Firebase Authentication, você pode implementar facilmente diferentes métodos de login, enquanto o Firebase Realtime Database permite que você gerencie dados em tempo real, sincronizando informações entre todos os usuários do aplicativo. No próximo capítulo, exploraremos como trabalhar com mídias, como imagens, áudio e vídeo, para enriquecer ainda mais a experiência do usuário no seu aplicativo. Vamos continuar a jornada!

Capítulo 12

Trabalhando com Mídia: Imagens, Áudio e Vídeo

Mídia, como imagens, áudio e vídeo, desempenha um papel fundamental na criação de aplicativos modernos e interativos. Integrar esses elementos pode melhorar significativamente a experiência do usuário, tornando o aplicativo mais envolvente e dinâmico. Neste capítulo, vamos explorar como trabalhar com diferentes tipos de mídia em Flutter, desde carregar e exibir imagens até reproduzir áudio e vídeo.

Trabalhando com Imagens em Flutter

Imagens são um dos tipos mais comuns de mídia usados em aplicativos. Flutter oferece várias maneiras de trabalhar com imagens, seja a partir de ativos locais ou de URLs remotos.

Carregando Imagens Locais

Para carregar e exibir imagens locais em Flutter, primeiro você precisa adicionar as imagens ao seu projeto e configurá-las no arquivo pubspec.yaml.

Passo 1: Adicionar Imagens ao Projeto

Coloque suas imagens na pasta assets/images/ do seu projeto Flutter.

Passo 2: Configurar o pubspec.yaml

No arquivo pubspec.yaml, adicione as imagens como ativos:

```yaml
flutter:
  assets:
    - assets/images/logo.png
    - assets/images/background.jpg
```

Passo 3: Exibir Imagens no Aplicativo

Para exibir uma imagem local, use o widget Image.asset:

```dart
import 'package:flutter/material.dart';

void main() {
  runApp(MeuApp());
}

class MeuApp extends StatelessWidget {
  @override
  Widget build(BuildContext context) {
    return MaterialApp(
      home: Scaffold(
        appBar: AppBar(title: Text('Exibir Imagem Local')),
```

```dart
      body: Center(
        child: Image.asset('assets/images/logo.png'),
      ),
    ),
  );
 }
}
```

Carregando Imagens Remotas

Para carregar e exibir imagens a partir de URLs remotos, use o widget Image.network:

dart

```dart
import 'package:flutter/material.dart';

void main() {
  runApp(MeuApp());
}

class MeuApp extends StatelessWidget {
  @override
  Widget build(BuildContext context) {
    return MaterialApp(
      home: Scaffold(
        appBar: AppBar(title: Text('Exibir Imagem Remota')),
```

```
      body: Center(
        child:
Image.network('https://i.pravatar.cc/300'),
      ),
    ),
  );
 }
}
```

Trabalhando com Cache de Imagens

Para melhorar o desempenho e reduzir o consumo de dados, é recomendável usar cache para imagens carregadas remotamente. O Flutter gerencia automaticamente o cache de imagens, mas você pode usar o pacote cached_network_image para ter mais controle.

Instalando o cached_network_image

Adicione a dependência ao arquivo pubspec.yaml:

```yaml
dependencies:
  cached_network_image: ^3.2.0
```

Usando o cached_network_image

```dart
import 'package:flutter/material.dart';
import 'package:cached_network_image/cached_network_image.dart';

void main() {
  runApp(MeuApp());
}

class MeuApp extends StatelessWidget {
  @override
  Widget build(BuildContext context) {
    return MaterialApp(
      home: Scaffold(
        appBar: AppBar(title: Text('Imagem com Cache')),
        body: Center(
          child: CachedNetworkImage(
            imageUrl: 'https://i.pravatar.cc/300',
            placeholder: (context, url) => CircularProgressIndicator(),
            errorWidget: (context, url, error) => Icon(Icons.error),
          ),
        ),
      ),
    );
```

```
    }
}
```

Reproduzindo Áudio em Flutter

Adicionar áudio ao seu aplicativo pode aprimorar a interatividade e fornecer feedback sonoro ao usuário. Flutter permite reproduzir áudio de várias fontes, incluindo arquivos locais e URLs remotos.

Reproduzindo Áudio com o Pacote audioplayers

O pacote audioplayers é uma das opções mais populares para reproduzir áudio em Flutter.

Instalando o audioplayers

Adicione a dependência ao arquivo pubspec.yaml:

```yaml
dependencies:
  audioplayers: ^0.20.1
```

Reproduzindo Áudio Local

dart

```dart
import 'package:flutter/material.dart';
import 'package:audioplayers/audioplayers.dart';

void main() {
  runApp(MeuApp());
}

class MeuApp extends StatefulWidget {
  @override
  _MeuAppState createState() => _MeuAppState();
}

class _MeuAppState extends State<MeuApp> {
  late AudioPlayer _audioPlayer;

  @override
  void initState() {
    super.initState();
    _audioPlayer = AudioPlayer();
  }

  void _playAudio() async {
    await _audioPlayer.play('assets/audios/sample.mp3', isLocal: true);
  }

  @override
  Widget build(BuildContext context) {
```

```dart
    return MaterialApp(
      home: Scaffold(
        appBar: AppBar(title: Text('Reproduzir Áudio Local')),
        body: Center(
          child: ElevatedButton(
            onPressed: _playAudio,
            child: Text('Reproduzir'),
          ),
        ),
      ),
    );
  }
}
```

Reproduzindo Áudio Remoto

dart
```
import 'package:flutter/material.dart';
import 'package:audioplayers/audioplayers.dart';

void main() {
  runApp(MeuApp());
}

class MeuApp extends StatefulWidget {
  @override
  _MeuAppState createState() => _MeuAppState();
```

```dart
}

class _MeuAppState extends State<MeuApp> {
  late AudioPlayer _audioPlayer;

  @override
  void initState() {
    super.initState();
    _audioPlayer = AudioPlayer();
  }

  void _playAudio() async {
    await _audioPlayer.play('https://dl.espressif.com/dl/audio/ff-16b-2c-44100hz.mp3');
  }

  @override
  Widget build(BuildContext context) {
    return MaterialApp(
      home: Scaffold(
        appBar: AppBar(title: Text('Reproduzir Áudio Remoto')),
        body: Center(
          child: ElevatedButton(
            onPressed: _playAudio,
            child: Text('Reproduzir'),
          ),
        ),
```

```
      ),
    );
  }
}
```

Controlando a Reprodução de Áudio

Você pode pausar, parar e retomar a reprodução do áudio usando os métodos fornecidos pelo AudioPlayer:

dart
```
void _pauseAudio() async {
  await _audioPlayer.pause();
}

void _stopAudio() async {
  await _audioPlayer.stop();
}

void _resumeAudio() async {
  await _audioPlayer.resume();
}
```

Reproduzindo Vídeo em Flutter

Assim como o áudio, a reprodução de vídeo é uma forma poderosa de aumentar o engajamento do usuário em seu aplicativo. O pacote video_player é uma das opções mais populares para reprodução de vídeo em Flutter.

Instalando o video_player

Adicione a dependência ao arquivo pubspec.yaml:

```yaml
dependencies:
  video_player: ^2.1.15
```

Reproduzindo Vídeo Local

```dart
import 'package:flutter/material.dart';
import 'package:video_player/video_player.dart';

void main() {
  runApp(MeuApp());
}

class MeuApp extends StatefulWidget {
  @override
  _MeuAppState createState() => _MeuAppState();
}

class _MeuAppState extends State<MeuApp> {
  late VideoPlayerController _controller;
```

```dart
  @override
  void initState() {
    super.initState();
    _controller = VideoPlayerController.asset('assets/videos/sample.mp4')
      ..initialize().then((_) {
        setState(() {});
      });
  }

  @override
  void dispose() {
    _controller.dispose();
    super.dispose();
  }

  @override
  Widget build(BuildContext context) {
    return MaterialApp(
      home: Scaffold(
        appBar: AppBar(title: Text('Reproduzir Vídeo Local')),
        body: Center(
          child: _controller.value.isInitialized
              ? AspectRatio(
                  aspectRatio: _controller.value.aspectRatio,
```

```
                    child: VideoPlayer(_controller),
                  )
                : CircularProgressIndicator(),
      ),
      floatingActionButton: FloatingActionButton(
        onPressed: () {
          setState(() {
            _controller.value.isPlaying
                ? _controller.pause()
                : _controller.play();
          });
        },
        child: Icon(
          _controller.value.isPlaying ? Icons.pause : Icons.play_arrow,
        ),
      ),
    );
  }
}
```

Reproduzindo Vídeo Remoto

dart

```
import 'package:flutter/material.dart';
```

```dart
import 'package:video_player/video_player.dart';

void main() {
  runApp(MeuApp());
}

class MeuApp extends StatefulWidget {
  @override
  _MeuAppState createState() => _MeuAppState();
}

class _MeuAppState extends State<MeuApp> {
  late VideoPlayerController _controller;

  @override
  void initState() {
    super.initState();
    _controller = VideoPlayerController.network(
'http://commondatastorage.googleapis.com/gtv-videos-bucket/sample/BigBuckBunny.mp4',
    )..initialize().then((_) {
        setState(() {});
      });
  }

  @override
  void dispose() {
    _controller.dispose();
```

```dart
    super.dispose();
  }

  @override
  Widget build(BuildContext context) {
    return MaterialApp(
      home: Scaffold(
        appBar: AppBar(title: Text('Reproduzir Vídeo Remoto')),
        body: Center(
          child: _controller.value.isInitialized
              ? AspectRatio(
                  aspectRatio: _controller.value.aspectRatio,
                  child: VideoPlayer(_controller),
                )
              : CircularProgressIndicator(),
        ),
        floatingActionButton: FloatingActionButton(
          onPressed: () {
            setState(() {
              _controller.value.isPlaying
                  ? _controller.pause()
                  : _controller.play();
            });
```

```
        },
        child: Icon(
          _controller.value.isPlaying ?
Icons.pause : Icons.play_arrow,
        ),
      ),
    ),
  );
  }
}
```

Considerações sobre Mídia em Flutter

- Desempenho: Mídia, especialmente vídeo, pode ser exigente em termos de desempenho. Certifique-se de otimizar o carregamento e a reprodução para garantir uma experiência suave.
- Compatibilidade: Nem todos os formatos de mídia são compatíveis em todas as plataformas. Verifique a compatibilidade antes de integrar arquivos específicos.
- Permissões: Para acessar arquivos locais ou gravar áudio e vídeo, você pode precisar solicitar permissões ao usuário.

Conclusão

Neste capítulo, você aprendeu como integrar e trabalhar com diferentes tipos de mídia no Flutter, incluindo imagens, áudio e vídeo. Essas funcionalidades são fundamentais para criar aplicativos ricos e interativos que proporcionam uma experiência envolvente ao usuário. No próximo capítulo, abordaremos como criar animações e efeitos visuais para dar vida ao seu aplicativo. Vamos continuar a jornada!

Capítulo 13

Animações e Efeitos Visuais: Dando Vida ao Seu App

Animações e efeitos visuais são componentes essenciais para criar uma experiência de usuário envolvente e fluida. Elas ajudam a destacar interações, guiar a atenção do usuário e tornar a navegação no aplicativo mais intuitiva. O Flutter oferece uma vasta gama de ferramentas e APIs que facilitam a criação de animações, desde as mais simples até as mais complexas. Neste capítulo, vamos explorar como você pode usar essas ferramentas para adicionar animações e efeitos visuais ao seu aplicativo.

Por que Usar Animações?

Animações podem transformar a experiência do usuário ao:

- Fornecer Feedback Visual: Indicando mudanças de estado ou a conclusão de uma ação.
- Aprimorar a Navegação: Facilitando a transição entre diferentes partes do aplicativo.
- Criar uma Experiência Mais Imersiva: Tornando a interface mais viva e envolvente.

Animações Básicas com AnimatedContainer

O AnimatedContainer é um dos widgets mais simples e poderosos para criar animações no Flutter. Ele permite que você faça animações automáticas de propriedades como cor, borda, forma, etc., sempre que essas propriedades mudam.

Exemplo de Uso do AnimatedContainer

dart

```dart
import 'package:flutter/material.dart';

void main() {
  runApp(MeuApp());
}

class MeuApp extends StatefulWidget {
  @override
  _MeuAppState createState() => _MeuAppState();
}

class _MeuAppState extends State<MeuApp> {
  bool _alterar = false;

  @override
  Widget build(BuildContext context) {
    return MaterialApp(
      home: Scaffold(
        appBar: AppBar(title: Text('AnimatedContainer Exemplo')),
        body: Center(
          child: GestureDetector(
            onTap: () {
```

```
          setState(() {
            _alterar = !_alterar;
          });
        },
        child: AnimatedContainer(
          width: _alterar ? 200.0 : 100.0,
          height: _alterar ? 100.0 : 200.0,
          color: _alterar ? Colors.blue : Colors.red,
          alignment:
              _alterar ? Alignment.center : AlignmentDirectional.topCenter,
          duration: Duration(seconds: 1),
          curve: Curves.fastOutSlowIn,
          child: const FlutterLogo(size: 75),
        ),
      ),
    ),
  );
 }
}
```

Explicando o Código:

- AnimatedContainer: Um widget que anima automaticamente as mudanças de suas propriedades.
- duration: Define a duração da animação.

- curve: Define a curva de animação, que pode ser uma curva padrão como Curves.easeIn ou Curves.bounceOut.

Animações Explícitas com AnimatedBuilder

Para animações mais complexas, o AnimatedBuilder é uma ferramenta poderosa. Ele permite que você tenha controle total sobre a animação, aplicando animações a quase qualquer coisa no Flutter.

Exemplo de Uso do AnimatedBuilder

dart
```
import 'package:flutter/material.dart';

void main() {
  runApp(MeuApp());
}

class MeuApp extends StatefulWidget {
  @override
  _MeuAppState createState() => _MeuAppState();
}

class _MeuAppState extends State<MeuApp> with SingleTickerProviderStateMixin {
  late AnimationController _controller;
  late Animation<double> _animation;
```

```dart
  @override
  void initState() {
    super.initState();
    _controller = AnimationController(
      duration: const Duration(seconds: 2),
      vsync: this,
    );

    _animation = CurvedAnimation(parent: _controller, curve: Curves.easeIn)
      ..addListener(() {
        setState(() {});
      });

    _controller.forward();
  }

  @override
  void dispose() {
    _controller.dispose();
    super.dispose();
  }

  @override
  Widget build(BuildContext context) {
    return MaterialApp(
      home: Scaffold(
        appBar: AppBar(title: Text('AnimatedBuilder Exemplo')),
```

```
      body: Center(
        child: AnimatedBuilder(
          animation: _animation,
          builder: (context, child) {
            return Container(
              width: _animation.value * 200,
              height: _animation.value * 200,
              color: Colors.blue,
              child: const FlutterLogo(),
            );
          },
        ),
      ),
    );
  }
}
```

Explicando o Código:

- AnimationController: Controla a animação, incluindo seu início, pausa e término.
- CurvedAnimation: Adiciona uma curva à animação, tornando-a mais natural.
- AnimatedBuilder: Constrói a interface do usuário com base na animação. Isso é útil quando você deseja animar propriedades mais complexas ou múltiplas propriedades ao mesmo tempo.

Usando Hero Animations para Transições Entre Telas

O Flutter facilita a criação de transições suaves entre telas usando o widget Hero. Ele permite que você anime automaticamente um widget de uma tela para outra, criando uma transição visual atraente.

Exemplo de Uso do Hero

dart
```dart
import 'package:flutter/material.dart';

void main() {
  runApp(MeuApp());
}

class MeuApp extends StatelessWidget {
  @override
  Widget build(BuildContext context) {
    return MaterialApp(
      home: PrimeiraTela(),
    );
  }
}

class PrimeiraTela extends StatelessWidget {
  @override
  Widget build(BuildContext context) {
```

```dart
    return Scaffold(
      appBar: AppBar(title: Text('Primeira Tela')),
      body: Center(
        child: GestureDetector(
          onTap: () {
            Navigator.push(
              context,
              MaterialPageRoute(builder: (context) => SegundaTela()),
            );
          },
          child: Hero(
            tag: 'logoHero',
            child: FlutterLogo(size: 100),
          ),
        ),
      ),
    );
  }
}

class SegundaTela extends StatelessWidget {
  @override
  Widget build(BuildContext context) {
    return Scaffold(
      appBar: AppBar(title: Text('Segunda Tela')),
      body: Center(
```

```
        child: Hero(
          tag: 'logoHero',
          child: FlutterLogo(size: 200),
        ),
      ),
    );
  }
}
```

Explicando o Código:

- Hero: O widget que você deseja animar entre telas. O tag deve ser único para identificar o widget nas diferentes telas.
- Navigator.push: Transita para a segunda tela, onde o Hero continua a animação.

Animações de Sequência com Staggered Animations

Em algumas situações, você pode querer animar diferentes partes de uma interface de maneira sequencial. Isso pode ser feito com animações encadeadas, também conhecidas como "staggered animations".

Exemplo de Animação Staggered

dart

```dart
import 'package:flutter/material.dart';
```

```dart
void main() {
  runApp(MeuApp());
}

class MeuApp extends StatefulWidget {
  @override
  _MeuAppState createState() => _MeuAppState();
}

class _MeuAppState extends State<MeuApp> with TickerProviderStateMixin {
  late AnimationController _controller;
  late Animation<double> _animation1;
  late Animation<double> _animation2;

  @override
  void initState() {
    super.initState();
    _controller = AnimationController(
      duration: const Duration(seconds: 3),
      vsync: this,
    );

    _animation1 = Tween<double>(begin: 0, end: 100).animate(
        CurvedAnimation(
          parent: _controller,
          curve: Interval(0.0, 0.5, curve: Curves.easeIn),
```

```
      ),
    );

    _animation2 = Tween<double>(begin: 0, end: 200).animate(
      CurvedAnimation(
        parent: _controller,
        curve: Interval(0.5, 1.0, curve: Curves.easeOut),
      ),
    );

    _controller.forward();
  }

  @override
  void dispose() {
    _controller.dispose();
    super.dispose();
  }

  @override
  Widget build(BuildContext context) {
    return MaterialApp(
      home: Scaffold(
        appBar: AppBar(title: Text('Animação Staggered')),
        body: Center(
          child: AnimatedBuilder(
```

```
              animation: _controller,
              builder: (context, child) {
                return Column(
                  mainAxisAlignment: MainAxisAlignment.center,
                  children: [
                    Container(
                      width: _animation1.value,
                      height: _animation1.value,
                      color: Colors.red,
                    ),
                    SizedBox(height: 20),
                    Container(
                      width: _animation2.value,
                      height: _animation2.value,
                      color: Colors.blue,
                    ),
                  ],
                );
              },
            ),
          ),
        ),
      );
  }
}
```

Explicando o Código:

- Interval: Define o tempo de início e término relativo de cada animação dentro da duração total do AnimationController.
- Tween: Define os valores iniciais e finais da animação.

Usando o pacote flutter_animate para Facilitar Animações

O pacote flutter_animate simplifica a criação de animações em Flutter. Ele oferece uma interface fácil para adicionar efeitos como fades, slides, rotação e muito mais.

Instalando o flutter_animate

Adicione a dependência ao arquivo

pubspec.yaml:

```yaml
dependencies:
  flutter_animate: ^1.2.0
```

Exemplo com flutter_animate

```dart
import 'package:flutter/material.dart';
import 'package:flutter_animate/flutter_animate.dart';
```

```dart
void main() {
  runApp(MeuApp());
}

class MeuApp extends StatelessWidget {
  @override
  Widget build(BuildContext context) {
    return MaterialApp(
      home: Scaffold(
        appBar: AppBar(title: Text('Flutter Animate Exemplo')),
        body: Center(
          child: FlutterLogo(size: 100)
              .animate()
              .fadeIn(duration: 1000.ms)
              .scale(begin: 0.5, end: 1.0, duration: 500.ms)
              .then(delay: 500.ms)
              .shake(hz: 4, curve: Curves.easeOut),
        ),
      ),
    );
  }
}
```

Explicando o Código:

- .animate(): Inicia uma sequência de animações.
- .fadeIn(): Aplica uma animação de fade-in.
- .scale(): Aplica uma animação de escala.
- .shake(): Aplica uma animação de trepidação.

Considerações sobre Animações

- Desempenho: Animações, especialmente as complexas, podem impactar o desempenho. Sempre teste em dispositivos reais para garantir uma experiência suave.
- Usabilidade: Animações devem melhorar a usabilidade, não distrair o usuário. Use-as de forma que façam sentido para a navegação e interatividade do aplicativo.
- Consistência: Mantenha um estilo de animação consistente ao longo do aplicativo para uma experiência de usuário coesa.

Conclusão

As animações e os efeitos visuais são ferramentas poderosas que, quando usadas corretamente, podem elevar a qualidade do seu aplicativo Flutter, tornando-o mais interativo e atraente para os usuários. Neste capítulo, exploramos várias abordagens para implementar animações, desde as mais simples até as mais complexas. Com essas técnicas, você pode criar experiências de usuário fluidas e dinâmicas que deixam uma impressão duradoura. No próximo capítulo, abordaremos como preparar seu aplicativo para ser publicado nas lojas de aplicativos. Vamos continuar a jornada!

Capítulo 14

Publicação do Aplicativo: Preparação e Submissão nas Lojas

Depois de desenvolver um aplicativo Flutter completo, o próximo passo é publicá-lo nas lojas de aplicativos, como a Google Play Store para Android e a Apple App Store para iOS. A publicação envolve várias etapas, desde a preparação do aplicativo até a submissão e aprovação nas lojas. Neste capítulo, vamos explorar todo o processo de publicação, garantindo que você esteja preparado para lançar seu aplicativo ao público.

Preparando o Aplicativo para Publicação

Antes de submeter seu aplicativo, é crucial garantir que ele esteja preparado para o ambiente de produção. Isso envolve a configuração de vários aspectos técnicos e a otimização do aplicativo para oferecer a melhor experiência ao usuário.

1. Atualizando as Informações do Aplicativo

Primeiro, é importante definir as informações básicas do aplicativo, como o nome, o ícone e a versão.

Nome e Ícone do Aplicativo

- Nome do Aplicativo: Edite o nome do aplicativo nos arquivos de configuração.
    - No Android: android/app/src/main/res/values/strings.xml.
    - No iOS: Edite o campo Display Name no Xcode.

- Ícone do Aplicativo: Substitua os ícones padrão pelo ícone do seu aplicativo.
    - No Android: Substitua os ícones na pasta android/app/src/main/res/mipmap.
    - No iOS: Substitua os ícones na pasta ios/Runner/Assets.xcassets/AppIcon.appiconset.

Versão do Aplicativo

- Android: No arquivo android/app/build.gradle, defina a versão do aplicativo:

```groovy
groovy
versionCode 1
versionName "1.0"
```

- iOS: No arquivo ios/Runner.xcodeproj/project.pbxproj, defina a versão e o build number:

```plaintext
plaintext
MARKETING_VERSION = 1.0.0;
CURRENT_PROJECT_VERSION = 1;
```

2. Otimizando o Desempenho do Aplicativo

Para garantir que seu aplicativo funcione de forma suave e eficiente em todos os dispositivos, você deve otimizar seu código e recursos.

Remover Código de Debug

Certifique-se de compilar o aplicativo em modo de release, o que desabilita todos os recursos de depuração:

```bash
flutter build apk --release
```

Para iOS:

```bash
flutter build ios --release
```

Reduzir o Tamanho do APK

Utilize o recurso de obfuscação e split per ABIs para reduzir o tamanho do APK:

```bash
flutter build apk --split-per-abi
```

Verificação de Desempenho

Use ferramentas como o Flutter DevTools para monitorar e otimizar o desempenho do seu aplicativo. Verifique a utilização de memória, CPU e evite frame drops.

3. Configurando Permissões e Recursos

É importante revisar as permissões que seu aplicativo requer e garantir que estão corretamente configuradas.

Android

No arquivo AndroidManifest.xml, verifique as permissões necessárias:

```xml
<uses-permission android:name="android.permission.INTERNET" />
```

iOS

No arquivo Info.plist, adicione as permissões necessárias, como:

```xml
<key>NSCameraUsageDescription</key>
<string>Este aplicativo necessita acessar a câmera para ...</string>
```

Gerando o Build para Produção

Agora que seu aplicativo está otimizado e preparado, é hora de gerar o build final que será enviado para as lojas.

1. Gerando APK ou AAB para Android

Você pode gerar um APK (Android Package) ou um AAB (Android App Bundle), que é recomendado para publicação na Google Play Store.

Gerando um APK

```bash
flutter build apk --release
```

Gerando um AAB

```bash
flutter build appbundle --release
```

2. Gerando o Build para iOS

Para compilar o aplicativo para iOS, você precisa de um Mac com Xcode instalado.

Gerando o Build

Abra o projeto no Xcode:

bash
open ios/Runner.xcworkspace

No Xcode, selecione "Product" > "Archive" para criar o build.

Preparando para Publicação na Google Play Store

1. Criando uma Conta de Desenvolvedor

Para publicar na Google Play Store, você precisará de uma conta de desenvolvedor, que pode ser criada no [Google Play Console](https://play.google.com/console).

2. Criando um Novo Aplicativo

No Google Play Console, crie um novo aplicativo e preencha as informações necessárias, como nome, descrição, e classificação etária.

3. Enviando o APK/AAB

No Google Play Console, vá até a seção "Produção" e faça o upload do APK ou AAB que você gerou anteriormente.

4. Definindo Preços e Distribuição

Escolha os países onde o aplicativo estará disponível e defina o preço, se aplicável.

5. Submissão para Revisão

Depois de completar todas as informações e requisitos, envie seu aplicativo para revisão. Esse processo pode levar algumas horas ou dias, dependendo do aplicativo.

Preparando para Publicação na Apple App Store

1. Criando uma Conta de Desenvolvedor

Para publicar na Apple App Store, você precisará de uma conta de desenvolvedor Apple, que pode ser criada no [Apple Developer](https://developer.apple.com/programs/enroll/).

2. Configurando o App no App Store Connect

No [App Store Connect](https://appstoreconnect.apple.com/), crie um novo aplicativo e preencha as informações necessárias, como nome, descrição, e categoria.

3. Enviando o Build

No Xcode, selecione "Product" > "Archive" e depois clique em "Distribute App" para enviar o build para o App Store Connect.

4. Preenchendo as Informações do Aplicativo

Preencha todas as informações necessárias no App Store Connect, como a classificação etária, direitos autorais, e informações de suporte.

5. Submissão para Revisão

Assim como na Google Play Store, envie seu aplicativo para revisão. Esse processo também pode levar algum tempo.

Monitorando e Atualizando o Aplicativo

Após a publicação, é importante monitorar o desempenho do seu aplicativo e estar preparado para lançar atualizações conforme necessário.

1. Monitorando o Desempenho e Feedback

Use ferramentas como o Google Play Console e App Store Connect para monitorar as avaliações e o desempenho do seu aplicativo. Responda ao feedback dos usuários e corrija rapidamente qualquer problema.

2. Lançando Atualizações

Para lançar uma atualização, você precisará repetir o processo de geração do build, mas com uma nova versão do aplicativo. Não se esqueça de incrementar o número da versão antes de criar o build.

Conclusão

Publicar um aplicativo é um processo detalhado que requer atenção aos detalhes e conformidade com os requisitos das lojas de aplicativos. Neste capítulo, você aprendeu como preparar e otimizar seu aplicativo, gerar os builds para Android e iOS, e enviar para as respectivas lojas. Com essas informações, você está pronto para lançar seu aplicativo ao público e compartilhar sua criação com o mundo. No próximo capítulo, discutiremos como manter e atualizar seu aplicativo após o lançamento, garantindo que ele continue relevante e funcional ao longo do tempo. Vamos continuar a jornada!

Capítulo 15

Manutenção e Atualizações: Mantendo seu App Relevante

Lançar um aplicativo é apenas o começo de sua jornada no mundo do desenvolvimento de software. Para garantir que ele continue relevante, funcional e bem-sucedido, é essencial realizar manutenção regular e implementar atualizações conforme necessário. Manter seu aplicativo atualizado não só melhora a experiência do usuário, mas também ajuda a corrigir bugs, adicionar novos recursos e garantir compatibilidade com as versões mais recentes dos sistemas operacionais. Neste capítulo, vamos explorar as melhores práticas para a manutenção e atualização de aplicativos Flutter, abordando desde a coleta de feedback até a implementação de novas funcionalidades.

A Importância da Manutenção Contínua

Manter seu aplicativo significa garantir que ele continue funcionando bem em um ambiente em constante mudança. Isso inclui:

- Correção de Bugs: Resolver problemas relatados pelos usuários ou detectados em novos dispositivos ou sistemas operacionais.
- Atualizações de Segurança: Implementar patches e correções de segurança para proteger os dados dos usuários.

- Adição de Novos Recursos: Introduzir funcionalidades que melhorem a experiência do usuário ou que atendam às novas demandas do mercado.
- Compatibilidade com Novas Versões de SO: Adaptar o aplicativo para funcionar corretamente com as atualizações dos sistemas operacionais Android e iOS.

Monitorando o Desempenho do Aplicativo

Um aspecto fundamental da manutenção é monitorar continuamente o desempenho do seu aplicativo. Isso ajuda a identificar problemas antes que eles afetem negativamente a experiência do usuário.

1. Ferramentas de Monitoramento

- Google Play Console: Para aplicativos Android, o Google Play Console fornece insights sobre o desempenho, incluindo crashes, ANRs (Application Not Responding), e relatórios de erros.
- App Store Connect: Para aplicativos iOS, o App Store Connect oferece dados sobre crashes, desempenho e feedback dos usuários.
- Firebase Crashlytics: Uma ferramenta poderosa para monitorar crashes em tempo real, ajudando você a identificar e corrigir rapidamente problemas.

2. Análise de Feedback dos Usuários

Prestar atenção ao feedback dos usuários nas lojas de aplicativos e através de outros canais de comunicação é crucial. Responder a críticas construtivas e implementar melhorias sugeridas pode aumentar a satisfação e fidelidade dos usuários.

Corrigindo Bugs e Implementando Patches

Após identificar problemas através do monitoramento e feedback, a próxima etapa é corrigi-los. Aqui estão algumas práticas recomendadas:

1. Testes Contínuos

Realize testes contínuos em diferentes dispositivos e versões de sistemas operacionais para garantir que seu aplicativo funcione conforme o esperado. Isso inclui testes de unidade, integração e UI.

- Testes Automatizados: Configure testes automatizados usando ferramentas como flutter_test para detectar regressões.
- Testes Manuais: Realize testes manuais em dispositivos físicos para garantir que o aplicativo funcione bem em diferentes condições do mundo real.

2. Correção de Bugs

Quando bugs são detectados, corrigi-los rapidamente é essencial para manter a confiança dos usuários. Após corrigir um bug, teste exaustivamente para garantir que a correção não introduza novos problemas.

3. Lançamento de Patches de Segurança

Segurança é uma prioridade. À medida que novas vulnerabilidades são descobertas, você deve lançar atualizações de segurança para proteger seus usuários. Mantenha-se informado sobre as melhores práticas de segurança e atualize as bibliotecas usadas em seu projeto regularmente.

Atualizando Seu Aplicativo

Atualizações regulares ajudam a manter o aplicativo relevante e competitivo. Aqui estão algumas diretrizes para garantir que suas atualizações sejam bem-sucedidas:

1. Planejamento de Atualizações

Planeje suas atualizações com antecedência, considerando o feedback dos usuários, as tendências do mercado e as atualizações de SO. Defina um cronograma regular de atualizações (por exemplo, trimestral) e esteja preparado para lançar atualizações de emergência quando necessário.

2. Implementação de Novos Recursos

Quando você adiciona novos recursos, é importante seguir algumas etapas:

- Design de Experiência do Usuário (UX): Considere como os novos recursos se integrarão à experiência do usuário existente. Realize testes de usabilidade para garantir que as mudanças sejam bem recebidas.
- Documentação: Documente todas as mudanças e novos recursos, tanto para sua equipe quanto para os usuários. Inclua instruções sobre como usar as novas funcionalidades.
- Testes: Teste os novos recursos em várias condições para garantir que funcionem corretamente e não causem regressões em outras partes do aplicativo.

3. Incrementando o Número da Versão

Cada vez que você lança uma atualização, incremente o número da versão do seu aplicativo. Isso ajuda os usuários a saber que há uma nova versão disponível e facilita o gerenciamento de versões no backend.

- Android: Atualize versionCode e versionName no arquivo build.gradle.
- iOS: Atualize MARKETING_VERSION e CURRENT_PROJECT_VERSION no Xcode.

4. Enviando Atualizações para as Lojas de Aplicativos

O processo de envio de atualizações para as lojas é semelhante ao processo de publicação inicial:

- Google Play Store: No Google Play Console, crie uma nova versão de lançamento e faça o upload do APK/AAB atualizado. Adicione notas de versão que detalhem as mudanças e melhorias.

- Apple App Store: No App Store Connect, crie uma nova versão e faça o upload do build através do Xcode. Adicione as notas de versão e envie para revisão.

Estratégias de Comunicação com os Usuários

Manter uma comunicação clara e transparente com seus usuários é fundamental para o sucesso contínuo do seu aplicativo.

1. Notas de Lançamento

Sempre que lançar uma nova versão, inclua notas de versão detalhadas. Explique as mudanças, correções de bugs e novos recursos de forma clara e acessível.

2. Notificações In-App

Use notificações in-app para informar os usuários sobre novas atualizações e recursos. Isso pode aumentar o engajamento e garantir que os usuários aproveitem as últimas melhorias.

3. Respostas a Comentários

Responda ativamente aos comentários e avaliações nas lojas de aplicativos. Agradeça o feedback positivo e ofereça suporte para resolver quaisquer problemas mencionados nas críticas.

Avaliando o Sucesso e Iterando

Após lançar uma atualização, é importante monitorar seu impacto e estar preparado para iterar com base nos resultados.

1. Análise Pós-Lançamento

Após cada atualização, use ferramentas de análise para monitorar como os usuários estão interagindo com o novo recurso. Verifique métricas como tempo de uso, taxas de adoção de novos recursos e se houve um aumento ou redução nos crashes.

2. Iteração Contínua

Use as informações coletadas na análise pós-lançamento para planejar as próximas iterações. Seja ágil na resposta a problemas e continue aprimorando seu aplicativo com base no feedback e nos dados de uso.

Conclusão

A manutenção e a atualização contínua de um aplicativo são aspectos cruciais para seu sucesso a longo prazo. Ao monitorar o desempenho, corrigir bugs, implementar novos recursos e manter uma comunicação clara com os usuários, você pode garantir que seu aplicativo permaneça relevante, seguro e agradável de usar. Com as práticas e estratégias discutidas neste capítulo, você estará bem preparado para manter seu aplicativo em excelente forma, respondendo rapidamente às necessidades dos usuários e às mudanças no ambiente tecnológico. Parabéns por completar esta jornada de desenvolvimento de aplicativos Flutter!

Conclusão Final

Ao chegar ao final deste livro, você percorreu uma jornada extensa e detalhada pelo mundo do desenvolvimento de aplicativos móveis utilizando Flutter. Desde os primeiros passos na configuração do ambiente de desenvolvimento, passando pela compreensão dos fundamentos do Flutter e Dart, até a criação de interfaces de usuário dinâmicas, a integração com APIs e serviços externos, e a publicação de seu aplicativo nas principais lojas, cada capítulo foi projetado para guiá-lo na construção de aplicativos robustos, eficientes e atraentes.

Recapitulando a Jornada

1. Fundamentos do Flutter: Iniciamos nossa jornada com uma introdução sólida ao Flutter, entendendo como ele simplifica o desenvolvimento de aplicativos móveis ao oferecer uma única base de código para Android e iOS. Exploramos os fundamentos do Dart, a linguagem que sustenta o Flutter, e nos familiarizamos com a estrutura de um projeto Flutter.

2. Criação e Design de Interfaces: À medida que avançamos, nos aprofundamos na criação de interfaces de usuário utilizando widgets, que são os blocos de construção essenciais no Flutter. Aprendemos a construir layouts flexíveis e responsivos, a gerenciar o estado do aplicativo e a navegar entre telas, criando experiências de usuário fluídas e intuitivas.

3. Integração de Funcionalidades: Com a base estabelecida, integramos funcionalidades avançadas, como manipulação de dados através de APIs, armazenamento local, e uso de Firebase para autenticação e banco de dados em tempo real. Essas integrações permitiram que nossos aplicativos se conectassem com o mundo exterior, oferecendo aos usuários uma experiência rica e interativa.

4. Adicionando Efeitos Visuais: A importância das animações e efeitos visuais foi abordada em profundidade, mostrando como essas ferramentas podem transformar a experiência do usuário, tornando o aplicativo mais dinâmico e envolvente. Vimos como criar transições suaves e adicionar efeitos que guiam o usuário através do aplicativo de forma intuitiva.

5. Publicação e Manutenção: Finalmente, nos preparamos para lançar nosso aplicativo ao mundo, abordando os passos necessários para publicar nas lojas de aplicativos, otimizar o desempenho, e garantir que o aplicativo esteja pronto para ser utilizado por um público global. Exploramos também a importância da manutenção contínua e das atualizações, para garantir que o aplicativo permaneça relevante e funcional ao longo do tempo.

A Importância da Aprendizagem Contínua

Embora este livro forneça uma base sólida para o desenvolvimento de aplicativos Flutter, é importante lembrar que a tecnologia está em constante evolução. O que você aprendeu aqui é apenas o começo. Continuar explorando novas funcionalidades, acompanhando as atualizações da comunidade Flutter, e praticando suas habilidades são passos essenciais para se tornar um desenvolvedor ainda mais competente e inovador.

O mundo do desenvolvimento de software é vasto e cheio de possibilidades. Flutter, com sua capacidade de criar interfaces de usuário nativas e de alto desempenho a partir de um único código base, está no centro dessa revolução tecnológica. Dominar Flutter abre portas para oportunidades em diversas indústrias, desde startups de tecnologia até grandes empresas, todas buscando criar aplicativos móveis que sejam rápidos, bonitos e funcionais.

Seus Próximos Passos

Agora que você completou este livro, você está bem equipado para começar a criar seus próprios aplicativos. Aqui estão alguns próximos passos recomendados:

- Iniciar Novos Projetos: Comece a aplicar o que você aprendeu criando novos aplicativos, seja para projetos pessoais ou profissionais. Cada projeto é uma oportunidade de aprendizado e aprimoramento.
- Contribuir com a Comunidade: A comunidade Flutter é vibrante e acolhedora. Considere contribuir com projetos de código aberto, responder a perguntas em fóruns, ou até mesmo escrever tutoriais para compartilhar seu conhecimento com outros desenvolvedores.

- Aprender Tecnologias Complementares: Expanda seu conhecimento explorando tecnologias complementares ao Flutter, como desenvolvimento back-end, design de UX/UI, ou machine learning, para criar aplicativos ainda mais sofisticados.
- Acompanhar as Tendências: Mantenha-se atualizado com as últimas tendências em desenvolvimento móvel e continue aprendendo novas técnicas e ferramentas que possam aprimorar seus projetos.

Agradecimentos e Considerações Finais

A criação de um aplicativo é uma jornada complexa que envolve não apenas conhecimento técnico, mas também criatividade, paciência e uma visão clara do que você deseja alcançar. Esperamos que este livro tenha sido uma ferramenta valiosa nessa jornada e que você sinta orgulho do que conquistou até aqui.

Obrigado por embarcar nesta viagem com Flutter. A cada linha de código que você escreve, a cada interface que você desenha, e a cada problema que você resolve, você está contribuindo para um mundo digital mais inovador e acessível. Desejamos a você sucesso contínuo em suas futuras empreitadas no desenvolvimento de aplicativos móveis. Lembre-se: a tecnologia é uma ferramenta poderosa, e com o conhecimento certo, você pode transformar ideias em realidade. Boa sorte, e continue criando coisas incríveis!

www.ingramcontent.com/pod-product-compliance
Lightning Source LLC
Chambersburg PA
CBHW062215220526
45471CB00009B/3211